꼬마 보부상의 이상한 시간 여행

떴다! 지식 탐험대 - 교통과 통신
꼬마 보부상의 이상한 시간 여행

초판 제1쇄 발행일 2011년 7월 20일
개정판 제1쇄 발행일 2021년 3월 20일
글 박영란 그림 이고은
발행인 박헌용, 윤호권 발행처 (주)시공사 주소 서울시 성동구 상원1길 22
전화 문의 02-2046-2800 홈페이지 www.sigongsa.com / www.sigongjunior.com

ⓒ 박영란·이고은, 2011

이 책의 출판권은 (주)시공사에 있습니다.
저작권법에 의해 한국 내에서 보호받는 저작물이므로, 무단 전재와 무단 복제를 금합니다.

ISBN 979-11-6579-434-7 74300
ISBN 979-11-6579-001-1 (세트)

홈페이지 회원으로 가입하시면 다양한 혜택이 주어집니다.
잘못 만들어진 책은 구입하신 곳에서 바꾸어 드립니다.

KC마크는 이 제품이 공통안전기준에 적합하였음을 의미합니다.
제조국 : 대한민국   사용 연령 : 8세 이상
주의 사항 : 책장에 손이 베이지 않게, 모서리에 다치지 않게 주의하세요.

떴다! 지식 탐험대

교통과 통신

꼬마 보부상의 이상한 시간 여행

글 박영란 / 그림 이고은

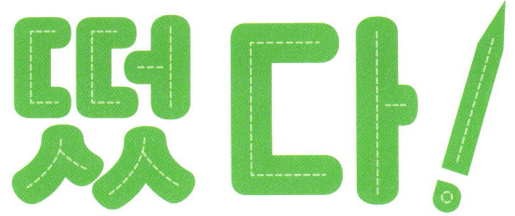

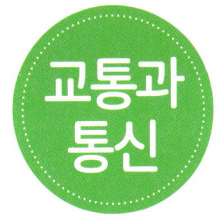

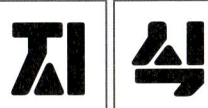

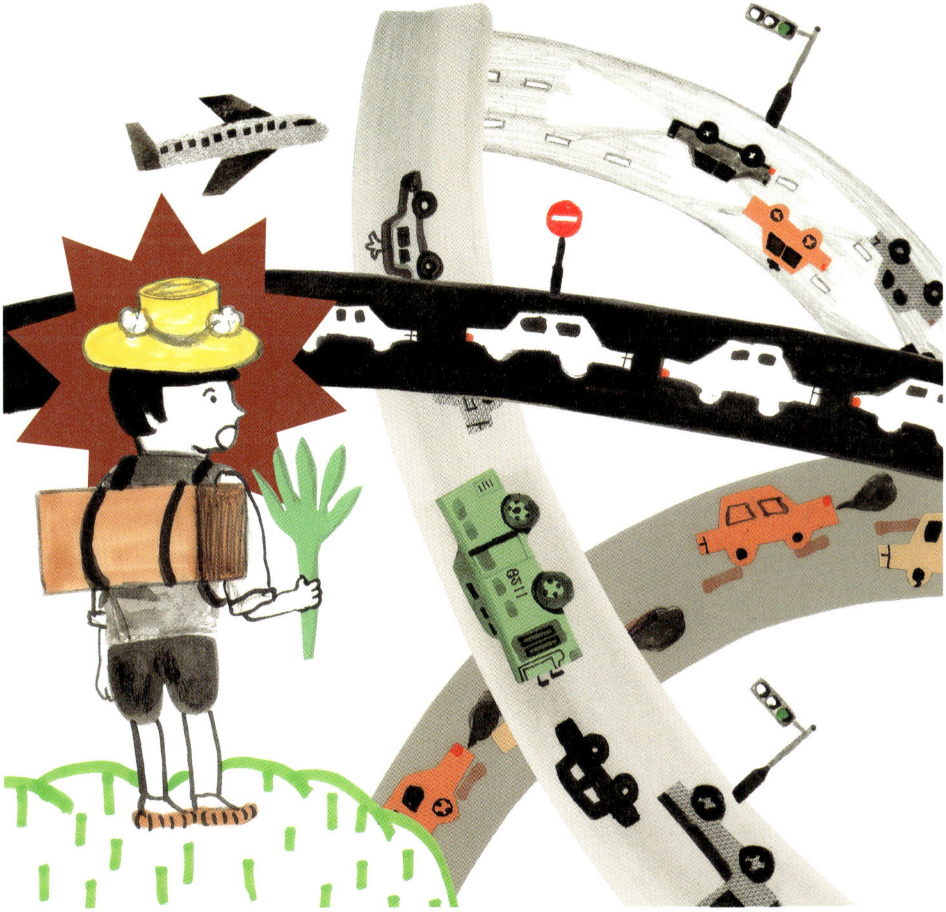

시공주니어

작가의 말

우리는 날마다 버스나 지하철 같은 교통수단을 이용하고, 텔레비전과 휴대 전화 등의 통신 기계를 사용해요. 하지만 이것이 우리에게 얼마나 필요하고, 우리 생활에 얼마나 도움을 주는지는 잘 모르는 경우가 많아요.

사람이 살아가는 데 있어 꼭 필요한 것들이 있어요. 공기와 물, 햇빛 그리고 옷과 음식과 집 등이에요. 아주 오랜 옛날에는 이것들만 있으면 충분했지만 근대 이후 과학 기술의 발전에 따라 전기나 수도, 그리고 교통과 통신이 우리가 살아가는 데 무척 중요한 요소가 되었어요.

교통과 통신은 하루아침에 지금 같은 모습을 갖춘 건 아니에요. 오랜 시간 동안 변화와 발전을 되풀이하면서 오늘날 같은 발전된 모습을 갖추었지요.

어디든 걸어서 가야 했던 옛날 사람들이 도로를 가득 메운 자동차나 버스, 땅속을 달리는 지하철, 커다란 쇳덩이가 빠르게 움직이는 기차, 하늘을 나는 비행기를 본다면 어떤 생각을 할까요? 얼굴을 보면서 전화를 하거나 이동하면서 텔레비전이나 영화를 보는 것 역시 상상도 못할 일이었을 거예요. 하지만 우리에게는 무척 낯익은 모습이지요.

 이처럼 우리에게 생활의 편리함을 가져다주는 교통과 통신은 어떻게 발전되었을까요? 교통수단이나 통신수단이 우리나라에 처음 들어왔을 때 사람들이 이것을 어떻게 받아들였는지, 지금의 발전된 교통과 통신이 우리 생활과 얼마나 밀접한지, 지금부터 하나하나 알아 가기로 해요.

 나이를 먹지 않는 꼬마 보부상 현재와 그 친구들이 교통과 통신이 어떻게 발전되어 왔는지 알려 줄 거예요. 170살까지 산 현재만큼 발전 과정을 잘 알고 있는 사람도 없을 테니까요. 겉모습은 여러분과 비슷한 현재가 170살까지 어떤 경험을 하며 살아왔는지 들으러, 함께 출발해 볼까요?

 교통과 통신의 발달을 알아 가는 동안 우리가 잊지 말아야 할 사실이 하나 있어요. 이 모든 것은 누군가의 호기심과 노력 덕분에 변화하고 발전했다는 사실이에요. 누군가 불편함을 느끼고, 그것을 해결하기 위해 호기심을 갖고 노력하고, 더 좋게 발전시키지 않았다면 오늘날 우리의 삶은 지금과는 많이 다를 거예요. 여러분도 호기심을 갖고 현재와 그 친구들을 만나 보면, 더 많은 이야기를 들을 수 있을 거예요.

박영란

차례

작가의 말 • 4
등장인물 • 8

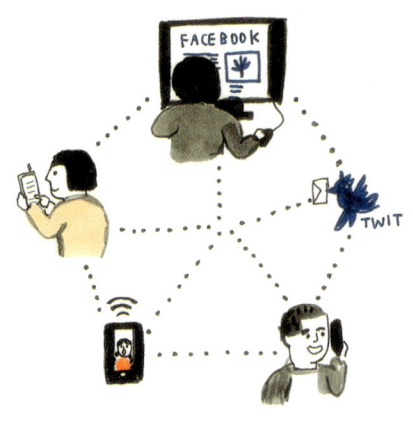

내 이름은 나현재, 꼬마 보부상이다 • 10
11살 현재가 들려주는 **교통** 이야기 … 20
11살 현재가 들려주는 **통신** 이야기 … 22

나는 열한 살로 살아야 한다 • 24
48살 현재가 들려주는 **교통** 이야기 … 36
48살 현재가 들려주는 **통신** 이야기 … 38

새로운 세상으로 • 40
68살 현재가 들려주는 **교통** 이야기 … 52
68살 현재가 들려주는 **통신** 이야기 … 54

나와 너, 그리고 우리가 되다 • 56
99살 현재가 들려주는 **교통** 이야기 … 66

세상은 점점 쉽고 빨라진다 • 70
119살 현재가 들려주는 **교통** 이야기 … 82

쉽고 빠르다고 모두 좋은 것은 아니다 • 86
150살 현재가 들려주는 **통신** 이야기 … 96

이상한 사람이 나타나다 • 100
170살 현재가 들려주는 **통신** 이야기 … 110

시간은 흘러가고, 역사는 이어지리라 • 114
170살 현재가 들려주는 **교통** 이야기 … 128
170살 현재가 들려주는 **통신** 이야기 … 130

등장인물

나현재

어려서부터 아버지와 함께 보부상 일을 해 왔다. 우연히 위기에 처한 할머니를 도와준 뒤 열한 살의 모습으로 계속 살게 된다. 침착하고 차분한 성격으로 무서움이나 새로운 것에 대한 두려움이 없어 남들과 다른 자신의 삶을 이해하고 받아들인다. 늙지 않는 이유를 알기 위해 자신과 같은 처지에 있는 사람들을 계속 찾아다닌다.

이대로

젓갈 독을 이고 다니며 젓갈 장수를 하다 현재를 만난다. 조금은 덜렁대는 성격이지만 겉모습이 열아홉 살이기 때문에 다른 아이들의 보호자 역할을 한다. 주식을 통해 생활비를 해결하거나, 어린 모습의 아이들을 위해 운전도 해 주며 집안의 가장 노릇을 한다.

최그만

어릴 적 식구가 많은 집에서 자라서인지 다른 사람을 잘 이해하고, 안 좋은 일이 생겨도 툭툭 털어 버리는 성격이다. 열한 살의 나이답지 않게 몸집이 큰 편이며, 몸집뿐만 아니라 마음도 넓어 아이들이 다투어 분위기가 안 좋을 때면 아이들을 다독거린다.

여전희

아홉 살이라 가장 키도 작고 어린 겉모습을 하고 있지만 활발하고 적극적인 성격이다. 세 아이들과 함께 살기로 한 뒤 집안 살림을 도맡아 하며 엄마 노릇을 톡톡히 한다. 언어에 관심이 많아 계속 외국어를 공부한다.

"아니, 누가 내 짚신을 신고 간 거야?"
"아이고, 오늘도 밑지는 장사했구먼."
"히이잉! 히이잉!"

저마다 한마디씩 하는 보부상들의 목소리에 여각은 시끌벅적했다. 거기에 마구간 말들의 울음소리까지 더해져 현재는 정신이 하나도 없었다. 여각 마당과 마루에는 여기저기 등짐과 봇짐이 흩어져 있었다. 현재는 마루 한쪽에 앉아 익숙한 광경을 멍하니 지켜보았다.

그때였다. 마당에서 객주 아저씨와 이야기를 나누던 아버지가 손짓으로 현재를 불렀다. 현재는 재빨리 아버지에게 다가갔다.

"현재야! 너 혼자 산 너머 마을에 다녀올 수 있지? 이 편지를 산 너머 마을에 있는 여각에 가져다주고 오너라."

아버지의 말에 현재는 잠시 머뭇거렸다. 한 달에 한 번은 아버지와 갔던 마을이지만 혼자 가 본 적은 없었기 때문이다. 하지만 아버지의 흔들림 없는 눈빛을 보며 현재는 고개를 끄덕였다.

"아니, 나 서방! 그래도 열한 살밖에 안 된 아이가 산 너머 마을까지

가기는 힘들지 않겠나?"

아버지와 현재의 모습을 지켜보던 객주 아저씨가 갑자기 끼어들었다.

"아닙니다요. 여섯 살 때부터 저랑 장바닥을 돌아다닌 녀석입니다. 제 자식이지만 똘똘하고 당차니 충분히 할 수 있습니다. 그렇지, 현재야?"

아버지가 웃으며 현재를 쳐다봤다. 현재는 아버지의 칭찬이 더없이 좋아 다시 한번 고개를 끄덕였다. 하지만 객주 아저씨는 여전히 미덥지 않은 눈치였다.

"아무리 그래도 거길 갔다 오려면 산도 넘어야 하고, 게다가 밤길인데 걱정이네."

"아니에요. 갔다 올 수 있어요. 많이 가 봐서 안 보고도 갈 수 있을 정도예요. 전 하나도 무섭지 않아요."

현재가 객주 아저씨 앞으로 한 걸음 나서며 다부진 표정을 지었다. 그 모습에 객주 아저씨가 빙그레 웃었다.

"오호, 그 녀석! 아주 겁이 없구나. 그래, 그럼 부탁할까? 손이 모자라니 어쩔 수가 없구나."

현재는 아버지가 건네주는 편지를 두 손으로 얌전히 받았다.

"옆 마을 여각 객주 어르신께 가져다 드려라. 반드시 객주 어르신께 전해야 한다. 그리고 그길로 바로 돌아오너라. 알았지? 아비도 다른 마을에 갔다 올 테니, 돌아오면 이곳에서 기다리고 있거라."

아버지는 길을 나서는 현재를 보며 다짐에 다짐을 했다. 현재는 편지의 내용이 궁금했지만, 편지를 뜯어 볼 수는 없었다. 낮부터 떠들던 어른들의 이야기를 귀동냥으로 듣고 짐작만 할 뿐이었다.

길을 나설 때만 해도 어슴푸레 땅거미가 지기 시작했는데, 산속에 들어서자 이미 컴컴해진 뒤였다. 하지만 달빛이 제법 밝아 흐릿하게나마 길이 보였다. 옆 마을까지 가기에는 별 어려움이 없을 것 같았다. 현재는 종종거리며 발걸음을 서둘렀다.

"그래, 이것을 객주 어르신이 주었다고? 너 혼자 저 고개를 넘어온 거냐? 그 녀석 기특하구나."

옆 마을 객주 아저씨는 편지를 받아 들고는 웃으며 현재를 칭찬해 주었다. 하지만 편지를 읽으며 낯빛이 조금씩 어두워졌다.
 "알았다. 어서 가서 알겠다고 전해 드려라. 한눈 팔지 말고 곧바로 머무는 여각으로 돌아가도록 해라. 알겠느냐?"
 현재는 객주 아저씨가 주는 시원한 식혜 한 그릇을 먹고는, 그대로 발걸음을 옮겨 다시 산을 넘기 시작했다. 올 때와는 달리 갈 때는 산속이 조금 무섭게 느껴졌다. 무서운 마음에 주변을 두리번거리며 걷던 현재는 저 멀리 산봉우리에서 무엇인가 반짝이는 것을 보았다.
 "봉화다!"

현재는 그 불빛이 봉수대에서 올린 봉화라는 사실을 바로 알아챘다. 처음 보았지만 언젠가 아버지가 해 준 이야기를 똑똑히 기억하고 있었다. 어느 해 겨울, 날씨가 무척 좋은 날이었다. 산을 넘으면서 멀리 보이는 봉수대를 가리키며 아버지는 말했다. 나라에 안 좋은 일이 생기면 낮에는 동물의 똥을 태운 연기로, 밤에는 불로 신호를 보낸다고 말이다.

현재는 봉화를 본 사실을 아버지에게 되도록 빨리 알려야겠다는 생각으로 발걸음을 재촉했다.

"으음, 으으음!"

바쁘게 걷던 현재의 귀에 희미한 신음 소리가 들렸다. 현재는 가던 걸음을 멈추고, 귀를 쫑긋 세웠다.

"으으으, 으으으음!"

사람 소리가 틀림없었다. 현재는 뒤꿈치를 들고 소리 나는 쪽으로 살금살금 걸어갔다. 그곳에는 처음 보는 할머니가 쓰러져 있었다.

"어, 할머니! 할머니 정신 차리세요."

현재는 재빨리 달려가 할머니를 일으키며 소리를 질렀다.

"여보세요? 아무도 없나요? 여기 사람이 쓰러져 있어요!"

하지만 검고 깊은 숲속에는 현재의 목소리만 울릴 뿐이었다.

"어떡하지? 뭘 해야 하지?"

현재는 문제가 생기면 무엇보다 마음을 가라앉히고 생각을 해야 한다던 아버지 말이 떠올랐다.

"그래, 물! 물을 좀 드려야겠다."

현재는 할머니를 다시 바닥에 눕히고 근처에 있는 옹달샘으로 뛰어갔다. 이 고개를 넘을 때마다 늘 목을 축이던 곳이었기 때문에 쉽게 찾을 수 있었다. 현재는 커다란 나뭇잎에 물을 담아 와 할머니 입에 조금씩 넣어 주었다.

"으음, 으음!"

물을 마신 할머니가 간신히 실눈을 뜨고 현재를 보았다.

"할머니, 할머니! 정신이 좀 드세요?"

현재가 다시 큰 소리로 묻자, 할머니는 힘들게 팔을 들고는 손가락으로 근처의 커다란 나무를 가리켰다.

"저, 저기. 저 나무 아래에 있는 손바닥, 손바닥 모양의 푸울, 풀을 좀 뜯어 와라."

할머니는 말을 하면서 몇 번이고 가쁜 숨을 몰아쉬었다. 현재는 할머니를 다시 살며시 내려놓은 뒤, 커다란 나무로 뛰어갔다. 그곳에는 할머니가 말한 대로 손바닥 모양의 풀이 딱 한 개 돋아나 있었다.

"할머니, 여기 풀 뜯어 왔어요!"

할머니는 손을 뻗어 풀을 잡더니 입에 넣고 오물오물 씹었다. 현재는 가만히 그 모습을 지켜보았다.

얼마 뒤, 할머니는 조금씩 기운을 차렸다. 빨리 아버지에게 가야 한다는 사실도 까맣게 잊은 채, 현재는 할머니 옆을 지켰다.

할머니가 등을 곧추세우며 머리를 매만지더니 입을 열었다.

"고맙구나. 네 덕분에 기운을 차렸어. 그런데 어린 녀석이 이 밤에 왜 혼자 산을 넘는 게냐."

"아버지 심부름으로 산 너머 마을에 다녀오는 길이에요. 아버지와 저는 보부상이기 때문에 이 산을 몇십 번이나 넘어 봐서 괜찮아요."

현재가 대답을 하는 동안 할머니는 현재를 뚫어지게 바라봤다. 그러더니 고개를 아주 천천히, 천천히 끄덕였다.

"그래, 그렇구나. 네가 나를 살렸으니, 나도 그 보답을 해야겠지? 이 풀을 먹거라. 기운이 날 게야."

처음 보는 풀을 먹어도 괜찮을지 싶어 현재는 조금 망설였다. 하지만 할머니가 다시 기운을 차릴 정도로 좋은 풀이라는 생각에 넙죽 받아 입에 넣었다. 풀 맛은 씁쓸했지만 그렇다고 먹지 못할 정도는 아니었다.

"할머니, 이 풀을 먹으니까 힘이 불끈불끈 솟는 거 같아요."

현재는 팔을 들어 알통을 만들어 보이며 헤죽거렸다. 그 모습을 보며 할머니도 환하게 웃었다. 하지만 그것도 잠시, 갑자기 할머니의 표정이 굳어졌다. 할머니는 자리에서 일어나 현재가 갔다 온 마을 쪽으로 몸을 돌리며 말했다.

"이 말을 꼭 기억해라. 먼 곳이 가까워질 때 너의 역사도 이어진다."

현재는 할머니의 말이 무슨 뜻인지 몰라 멀뚱거렸다. 그사이 할머니는 뒤도 돌아보지 않고 언덕 아래로 내려갔다. 할머니를 불러 세우고 싶었지만 빨리 아버지에게 가야 한다는 생각이 그제야 떠올랐다.

여각으로 돌아온 현재는 아버지를 찾았다. 하지만 아버지는 다른 마을에서 아직 돌아오지 않았는지 보이지 않았다. 현재는 객주 아저씨에게 돌아왔다는 소식을 알리고 방으로 들어갔다. 방 안에서 아버지를 기다리던 현재는 밤이 깊어지자 자신도 모르게 잠이 들고 말았다.

다음 날 아침, 현재는 바깥이 소란스러워 잠이 깼다. 옆자리에 아버지의 흔적이 보이지 않자, 깜짝 놀란 현재는 벌떡 일어나 방문을 박차고 나갔다.

급하게 방문이 열리는 소리에 여각 마당에 모여 있던 사람들이 모두 현재를 바라봤다. 다행히 사람들 사이에 아버지의 모습이 보였다.

"아버지!"

현재는 한달음에 아버지에게 뛰어갔다. 아버지는 뛰어오는 현재에게 잠시 아는 척을 하더니 곧바로 사람들과 다시 이야기를 나누었다. 심각한 이야기를 나누는 듯했다. 현재는 무엇을 해야 할지 몰라 아버지와 아저씨들을 바라보기만 했다. 한참을 그렇게 이야기를 나누던 아버지가 갑자기 부엌 쪽을 바라보며 소리쳤다.

"우리 아들 밥 좀 챙겨 주세요."

그러고는 현재를 바라보며 말했다.

"오늘은 어디 나가지 말고 여기 있어라. 이 아비가 돌아올 때까지 꼼짝하지 말고. 알았지?"

현재는 고개를 끄덕였다. 아버지와 아저씨들이 오늘 장터에서 무슨 일을 할지 이미 알고 있었기 때문이다. 어제 주워들은 어른들의 이야기에 따르면 진주에서 시작된 민란이 전국으로 들불처럼 퍼져 나가고 있다고 했다. 산 너머 마을에 전해 준 편지는 아마도 오늘 장터에 모두 모이라는 내용이었을 것이다.

아버지와 아저씨들이 장터로 나간 뒤, 현재는 여각 앞마당을 왔다 갔다 하며 시간을 보냈다. 하지만 시간은 좀처럼 가지 않았다. 그때 장터 쪽에서 많은 사람들이 지르는 커다란 함성 소리가 들려왔다. 현재는 아버지가 밖으로 나가지 말라고 했던 말도 잊은 채, 자신도 모르게 소리 나는 쪽으로 뛰어갔다.

"현재야! 얘, 현재야!"

밥을 챙겨 주던 아주머니가 불렀지만 현재에게는 그 소리가 들리지 않앇다. 많은 사람들이 뛰면서 지르는 소리에 모든 정신이 쏠려 있었다. 현재가 막 길모퉁이를 돌 때였다. 모퉁이 저쪽에서 한꺼번에 많은 사람들이 우르르 몰려왔다. 그 바람에 현재는 앞에 있던 사람과 부딪치며 넘어졌다. 뒤따라오던 사람들은 멈추지 못하고 그대로 넘어진 현재 위에 엎어졌다. 점점 많은 사람들이 넘어지면서 현재는 그만 정신을 잃고 말았다.

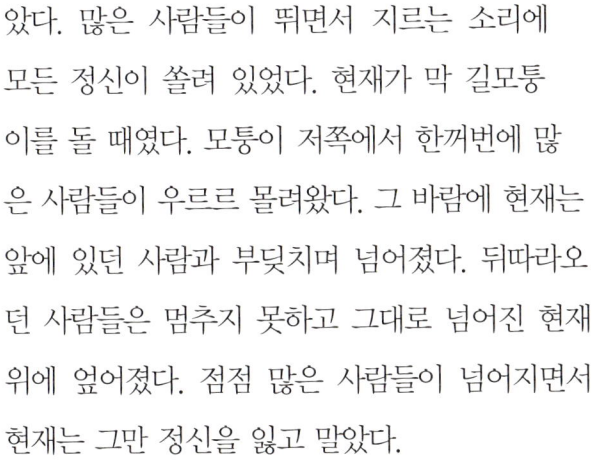

11살 현재가 들려주는 교통 이야기

교통수단이란 사람이 이동하거나 짐을 옮기는 데 쓰는 수단을 말해. 교통수단이 생겨나기 전인 아주 오랜 옛날에는 어디든 걸어서 다녔어. 하지만 신라나 가야의 옛 무덤에서 발견된 수레 모양의 토기를 보고 그 전부터 수레를 사용했을 거라고 짐작하고 있지. 이때의 수레는 사람이 타고 다니기보다 짐을 옮기는 데 주로 이용되었어. 시간이 지나면서 사람들은 말을 타고 다니게 되었어. 그러다 1894년에 사람을 태울 수 있는 수레가 우리나라에 처음 등장했어. 일본에서 인력거가 들어온 거야. 이렇게 우리 조상들의 교통수단은 조금씩 발전해 왔지.

이랴! 말을 타고 달리다

말은 자동차나 기차가 나오기 전까지 가장 빠른 교통수단이었어. 보통 서울에서 부산까지 가는 데 걸어서 20일 정도가 걸렸는데, 말을 타면 5일이면 갈 수 있었지. 하지만 말은 값이 비싸서 아무나 탈 수 없었어. 게다가 말을 키우고 관리하는 데에도 많은 돈이 들었지. 가난한 백성들은 말을 탈 엄두도 내지 못했고, 양반이나 벼슬아치들이 주로 말을 탔다고 해.

말

흔들흔들! 가마에 앉아 움직이다

가마도 양반들의 교통수단이었어. 지금으로 말하면 양반들의 자가용이었다고 생각하면 돼. 한 사람이 가마에 타고, 앞뒤에서 사람들이 가마를 손으로 들거나 멜빵에 걸어 메고 다녔지. 가마는 신분이나 지위를 나타내는 상징이기도 했어.

신분이나 벼슬에 따라 탈 수 있는 가마의 종류와 가마꾼의 수, 가마 뒤를 따르는 하인의 수가 달랐지. 백성들은 여자들이 시집을 갈 때 한 번 탈까 말까 할 정도였어.

가마

데굴데굴! 인력거 바퀴가 굴러간다

　1894년, 서양의 마차를 본떠 만든 인력거가 일본에서 우리나라에 처음 들어왔어. 수레 위에 한 사람이나 두 사람이 타면 앞에서 인력거꾼이 끌었지. 오늘날의 택시처럼 인력거꾼은 돈을 받고 열심히 달려서 손님이 원하는 곳으로 데려다 주었어. 말이나 가마와 마찬가지로 양반과 벼슬아치들이 주로 인력거를 이용했지.

인력거

이영차! 물건을 옮겨라

　옛날 사람들이 가장 편하게 물건을 옮기는 수단으로 이용했던 것은 바로 지게야. 지게는 짐을 등에 지고 나를 수 있게 만든 도구야. 소에게 먹일 풀이나 땔나무, 이리저리 장터를 찾아다니는 보부상들의 짐도 지게에 싣고 다녔지. 무겁고 덩치가 큰 물건들을 옮길 때는 소달구지를 썼어. 소달구지는 소가 끄는 수레로 오늘날의 손수레와 비슷하게 생겼어. 사람이 아니라 소의 힘을 이용했다는 점이 달라.

지게　　소달구지

11살 현재가 들려주는 통신 이야기

통신이란 작게는 자신의 생각이나 소식을 전하는 것, 크게는 정보나 의사를 전달하는 일을 뜻해. 통신수단으로는 편지나 전화, 컴퓨터 등이 있어. 오늘날과 같은 통신 수단이 개발되지 않은 옛날에는 어떻게 정보나 의사를 전달했을까? 예를 들어 갑자기 외적이 쳐들어오거나, 나라에 위험한 일이 생겼을 때 말이야.

연기로 위급한 상황을 알렸던 봉수제

봉수제란 낮에는 연기를, 밤에는 횃불을 피워 나라의 위급한 상황을 알리던 통신 제도야. 이때 사용되는 연기와 횃불을 봉화라고 하고, 봉화를 피우는 곳을 봉수대라고 불렀어.

조선 시대에는 봉수대를 전국 곳곳에 623개나 두었지. 봉수제는 삼국 시대부터 시작되었지만, 고려 시대에 와서야 조직적으로 이용되다가 조선 세종 때 국가 제도로 정해졌어. 연기나 횃불이 하나면 아무 일도 없다는 뜻이고, 2개면 국경 지대에 외적이 나타났다는 신호, 3개면 외적이 국경으로 다가왔다는 신호, 4개면 외적이 우리 배를 공격하거나 국경을 넘어왔다는 신호야. 그리고 5개면 외적이 우리 땅에 들어오거나 전쟁이 벌어졌다는 뜻이지. 봉수제는 조선 시대의 가장 빠른 통신 방법으로 전국 어디에서 피워 올려도 릴레이식으로 빠르게 전달되었어. 임금님이 계신 한양의 목멱산(오늘날의 남산)에 다다르는 데 채 12시간이 걸리지 않았지.

봉수대

말을 타거나 직접 달려서 소식을 전했던 파발

파발은 조선 시대에 나라의 명령이나 공문서 등을 전달하거나 지방에서 급한 일이 생겼을 때 이를 중앙에 보고하기 위해 만든 통신망이야. 파발의 생명은 얼마나 빨리 전달하느냐에 달려 있었어. 보통은 파발꾼이라고 불리는 사람이 직접 걸어가서 전달했지만, 급한 경우에는 말을 타고 가기도 했어. 이때 파발꾼이 쉬어 가거나 지친 말을 새로운 말로 바꾸기 위해 '역'을 두었지. 파발의 긴급한 정도에 따라 문서에 방울을 두었는데 방울 하나는 1급(보통), 방울 둘은 2급(비상), 방울 셋은 3급(초비상)을 뜻했어. 파발은 문서로 전하는 것이기 때문에 내용이 정확하고 비밀을 지켜야 하는 정보를 전달하는 데 많이 이용했어. 하지만 역의 운영 등으로 경비가 많이 들고, 봉수제에 비해 전달 속도가 느렸지.

파발꾼

북을 쳐서 위험을 알렸던 용고

용고는 북의 한 종류야. 옛날에는 북이 악기로 쓰일 뿐만 아니라 통신 수단으로도 중요한 역할을 했어. 특히 전쟁이 일어나면 큰 북으로 적군이 쳐들어왔음을 알렸어. 전진 명령을 내리거나 작전을 알릴 때도 북을 쳤다고 해.

용고

너울너울 연을 날려 신호를 하는 신호연

연은 전쟁 때, 암호로 전투 신호를 전달하는 중요한 수단이었어. 주로 충무공 이순신 장군이 직접 만들어 썼다고 해서 '충무연'이라고도 부르지.

야간에 산능선을 공격하라!

신호연

해가 지고, 장터가 컴컴해지자 현재는 자신의 등짐을 챙겼다. 소쿠리와 채반 등이 현재가 장에서 파는 물건이었다. 다른 보부상들도 짐을 챙겨 하나둘씩 장터를 떠났다. 여각에서 하룻밤을 머물고 새벽에 떠나는 사람도 있고, 밤새 길을 걸어 먼 곳에 있는 장으로 가는 사람도 있었다. 짐을 챙기던 현재는 벌써 10년 전에 돌아가신 아버지의 얼굴이 떠올랐다. 늘 함께 장터를 떠돌던 아버지는 이제 현재 옆에 없다.

현재는 문득 어제 장으로 오다 만난 벙거지꾼이 생각났다. 산을 넘다 다른 보부상들과 함께 쉬고 있는데, 커다란 가방을 들고 걸어오던 벙거지꾼이 현재 옆에 털썩 주저앉았다.

"어휴, 힘들어. 나도 좀 쉬어 가야겠다."

벙거지꾼은 이마에 송골송골 맺힌 땀을 닦으며 주절주절 떠들기 시작했다.

"아, 이번 주에만 벌써 짚신이 세 켤레째야. 다리도 너무 아프고. 내가 이 일을 왜 하나 싶어. 이렇게 힘들게 일하는데 사람들은 편지 배달하는 우리를 왜 무시하는지 모르겠어. 편하게 집까지 소식도 전해 주고 얼마

나 좋아? 예전에는 생각도 못한 일 아니냐고."

벙거지꾼의 말처럼 편지를 배달하는 일이 쉽지만은 않은 것 같았다. 벙거지꾼은 자신이 얼마나 어려운 일을 하는지 넋두리를 이어 갔다. 하지만 현재는 벙거지꾼의 이야기를 귀담아듣지 않았다. 벙거지꾼은 새로운 이야기를 꺼냈다.

"내가 온양 장에서 본 한 젓갈 장수가 있는데, 좀 이상해. 처음 만났을 때 얼굴에 여드름이 숭숭 났었는데, 몇 년이 지난 지금도 그대로라니까. 꼭 나이를 먹지 않는 사람 같아. 하기야 나이 안 먹는 것도 좋지. 나이 먹으면 힘들고 괴롭기만 하지. 안 그런가?"

벙거지꾼의 말에 현재는 귀가 번쩍 뜨였다. 나이를 먹지 않는 사람이라니. 자신과 같은 사람이 어딘가에 있을지도 모르는 일이었다. 현재는 한참 동안 생각에 잠겼다. 머릿속이 복잡했다.

'나와 같은 사람일까, 아닐까? 만약 나와 같은 사람이라면 한번 만나 봐야 하지 않을까? 하지만 만나서 뭐라고 하지? 나이를 먹지 않느냐고 물었다가 아니면 어떡해? 미친 사람 소리만 들을 텐데.'

현재는 올해로 마흔여덟 살이 되었다. 하지만 겉모습은 1862년 민란이 일어나던 그해에 멈추었다. 그렇다. 다른 사람들에게 현재는 겨우 열한 살로밖에 보이지 않는다. 길모퉁이에서 사람들과 부딪쳐 쓰러진 현재는 거의 한 달 만에 정신을 차렸다. 모든 사람들이 현재가 죽을 거라고 생각했지만 현재는 다시 건강해졌다. 하지만 그 뒤로 현재는 나이를 먹지

않는다. 현재는 그 까닭을 아직도 알 수가 없다. 그냥 민란이 일어나기 전날, 산속에서 만났던 할머니가 한 말이 마음에 걸릴 뿐이었다.

"보부상 생활을 계속해야 한다. 그래야 네가 나이를 먹지 않는다는 사실을 다른 사람들이 모른다. 알았지?"

현재는 아버지가 돌아가시면서 했던 말대로 장터를 떠도는 보부상을 하면서 지냈다.

"어이, 꼬마 보부상! 여각에 안 가시나?"

현재는 그 소리에 정신이 번쩍 들었다. 옆에서 그릇을 팔던 보부상 아저씨였다. 현재는 잠시 어떻게 해야 하나 망설이다 대답했다.

"네. 저는 온양 장에 가 보려고요. 오늘 밤새 걸어야 할 것 같습니다."

현재의 말에 보부상 아저씨는 조금 놀란 듯 보였다.

"아니, 밤새 걷는다고? 네가?"

현재는 더 이상 말을 섞었다가는 이상한 아이 취급을 받겠다 싶었다. 그래서 재빨리 등짐을 지고 그 자리를 떠났다. 보부상 아저씨가 이상하게 쳐다보는 눈초리가 느껴졌지만 뒤돌아보지 않고 잰걸음을 내디뎠다.

어두운 산길을 걸어야 했지만 현재는 무섭지 않았다. 무서운 것은 어둠이 아니라 혼자라는 사실이었다. 아버지가 돌아가신 뒤, 10년 동안 현재는 늘 혼자였다. 더구나 아무도 모르는 비밀을 간직한 채 살아야 하는 일은 무척 힘들었다.

'그래, 나와 같은 사람일지도 몰라. 온양 장터에서 젓갈을 팔았다고 하니까 한번 가 보는 거야. 아니면 말지 뭐.'

현재는 혼자 지내는 동안 어떤 일에도 실망할 필요가 없다는 것을 깨달았다. 하나의 일이 잘못되더라도 그다음에는 좋은 일이 따라온다는 것을 경험으로 알게 되었다. 겉모습이 어떻든 현재는 마흔여덟 살이기 때문이다.

다음 날 현재는 아침 일찍 온양 장으로 나갔다. 젓갈 장수가 자리를 잡으면 자신도 그 옆에 자리를 잡기 위해서였다. 보부상들이 하나둘씩 장터에 자리를 잡았다. 날마다 장을 따라 돌아다닌다고 사람들은 장돌뱅이, 장돌림, 장꾼 등으로 얕잡아 부르기도 하지만, 보부상들은 자신들의 일에 나름대로 자부심을 갖고 있었다.

현재는 이리저리 오가는 보부상들을 열심히 살펴보았다. 젓갈 장수가 가지고 다니는 독은 모양이 좁고 길기 때문에 쉽게 찾을 수 있었다.

"안녕하세요."

현재는 젓갈 장수에게 다가가며 인사를 건넸다. 벙거지꾼이 말한 대로 스무 살이 채 안 돼 보이는 모습이었다. 하지만 그 사람은 현재를 힐끗 한번 쳐다볼 뿐 아무 대꾸도 하지 않았다. 쉽사리 입을 열지 않는 사람이 틀림없었다.

어느새 장은 사람들로 북적였다. 물건값을 흥정하는 사람들과 장 구경을 나온 사람들, 이리저리 뛰어다니는 아이들로 시끌벅적했다.

"아이고, 맛나네. 어때? 이걸로 할까?"

새우젓을 맛본 한 아주머니의 카랑카랑한 목소리에 현재는 젓갈 장수 쪽으로 고개를 돌렸다.

"이거 좀 줘 봐유."

젓갈 장수는 아주머니가 내미는 보시기에 새우젓을 듬뿍 담았다. 그동안 아주머니는 같이 온 다른 아주머니와 이야기를 나누었다.

"그 소식 들었수? 한양에는 그 뭐여, 전찬지 뭔지 그런 것이 다닌대. 그걸 타면 먼 곳도 빨리 간다던데? 그게 그렇게 빠른가? 어떤 사람은 전차 타고 싶다고 소를 팔았다는구먼. 나도 한번 타 보면 소원이 없겠네."

같이 온 아주머니가 새우젓을 입에 넣고는 입맛을 다시며 말했다.

"그런데 그게 어린아이를 치어 죽여 사람들이 불을 질렀다고 하더라고. 난 사람까지 죽이는 차는 별로 타고 싶지 않구먼. 그나저나 세상이 뒤숭숭하니 별 이상한 괴물 같은 것이 다 나타나네."

아주머니의 말에 현재는 귀가 번쩍 뜨였다. 먼 곳을 빨리 간다는 말 때문이었다.

'먼 곳이 가까워질 때 너의 역사도 이어진다.'

할머니가 한 말과 딱 맞아떨어졌다.

"어이쿠, 총각! 뭐 혀? 새우젓 다 떨어지는구먼."

놀란 사람이 현재만은 아닌 듯했다. 젓갈 장수도 눈을 동그랗게 뜨고 아주머니를 쳐다보더니 궁금하다는 듯 물었다.

"그런데 아주머니, 제가 잘 몰라서 그러는데 그 말이 무슨 뜻이에요? 먼 곳이 가까워진다는 그 말요."

"아이고, 총각. 내가 언제 먼 곳이 가까워진다고 했어. 전차를 타면 먼 곳도 빨리 간다고 했지. 젊은 사람이 귀가 그렇게 어두워 어째."

아주머니는 혀를 끌끌 차며 보시기 가장자리에 묻은 새우젓을 닦았다. 아주머니가 새우젓을 사서 돌아간 뒤, 현재는 잠시 동안 생각에 잠겼다. 아무래도 젓갈 장수도 자신과 같은 생각을 하고 있는 듯 보였다.

현재가 젓갈 장수를 뚫어지게 쳐다보며 말했다.

"저기, 조금 전에 뭐라고 하셨어요? 먼 곳이 가까워진다고 하지 않았나요?"

"뭔 말이야. 내가 언제? 아, 저리 가! 쪼그만 녀석이 별 참견을 다 하네. 저리 가라고."

젓갈 장수의 지청구에 현재는 입을 다물었다. 하지만 아무리 생각해도 가만히 있을 수는 없는 노릇이었다. 현재는 입술을 한 번 꽉 깨물고는 젓

갈 장수에게 낮은 목소리로 말했다.

"먼 곳이 가까워질 때 너의 역사도 이어진다."

젓갈 장수는 화들짝 놀라며 휙 고개를 돌려 현재를 쳐다봤다.

"그, 그 말을 어떻게······."

젓갈 장수는 말을 잇지 못했다. 현재는 아무 말 없이 그저 고개만 끄덕였다. 한동안 둘 다 아무 말도 없이 그저 앞만 보며 앉아 있었다. 물건을 사러 온 사람들도 있었지만 두 사람 모두 딴생각에 빠져 물건 팔 생각은 하지도 않았다.

어느새 해가 뉘엿뉘엿 지기 시작하면서 장이 끝나 갔다. 젓갈 장수가 자리를 털고 일어나며 물었다.

"꼬마야! 그 말의 뜻을 아니?"

현재는 고개를 세차게 가로저었다.

"나도 잘 몰라요. 내 이름은 나현재예요. 나이는 마흔여덟."

현재는 젓갈 장수의 얼굴을 빤히 쳐다봤다. 나이와 이름을 알고 싶다는 표정을 지으며.

"나보다 나이가 많네요. 내 이름은 이대로예요. 서른세 살이고요."

놀란 기색도 없이 말하는 젓갈 장수, 아니 이대로의 말에 현재는 자신과 같은 처지라는 사실을 알았다.

"혼자죠? 그럼, 오늘 밤은 나랑 같이 있지 않을래요?"

현재의 말에 대로는 고개를 끄덕였다. 둘은 사람이 적은 여각을 찾아 하룻밤을 머물기로 했다.

"아이고, 어서 와유. 둘이유? 형제인가? 아직 어린 거 같은데 어쩌다 장돌뱅이 생활을 한대."

여각 아주머니가 둘을 보고 물었다. 대로는 당황한 듯 눈만 껌벅거렸다. 현재가 재빨리 말했다.

"네. 제가 동생이에요. 밥 주세요. 하루 종일 장터에 있었더니 배고파 죽겠어요."

아주머니는 서둘러 국밥 두 그릇을 말아 주었다. 둘은 밥상을 받아 들고 방 안으로 들어갔다. 다행히 방 안에는 다른 사람이 없었다.

"역시 나이가 있어서 그런지 나보다 낫네요."

대로의 말에 현재는 겸연쩍은 웃음을 지어 보였다.

"존댓말 쓰면 다른 사람들이 이상하게 생각할 거 같으니 그냥 형, 동생 하죠. 오래 살긴 했어도 나이가 멈춘 것은 똑같으니 그냥 형 하세요."

"하세요는 무슨. 그럼 다른 사람 눈도 있으니 형이라고 부르고, 나는 이름을 부를게요. 아니, 부를게."

대로의 말에 둘은 만나서 처음으로 편안하게 웃었다.

그날 밤, 현재와 대로는 나란히 누워 자신들에게 일어났던 일을 서로에게 말해 주었다.

"그러니까, 벌써 그 일이 일어난 지 14년이 지났네. 그때 난 열아홉 살이었고 제물포에 살았지."

대로는 나지막한 목소리로 이야기를 시작했다.

"큰 형수님이 갑자기 아기를 낳은 날이었어. 한참 꿈나라를 헤매고 있는데 어머니가 갑자기 옆 마을에 있는 산파를 데려오라는 거야. 한밤중이고 뭐고 상관없었어. 난 형수님께 큰일이 생길까 봐 허겁지겁 옆 마을로 달려가 산파를 데리고 왔어. 우리 집이 바닷가라 빠른 길로 오려고 갯벌을 가로질러 뛰는데, 한 할머니가 갯바위 위에 철퍼덕 주저앉아 일어나지 못하고 있는 거야."

"할머니? 너도 할머니였어? 나도 그랬는데. 키가 좀 작은 편에 동그란 얼굴이었어. 붉은 입술이 무척 또렷했어."

현재의 맞장구에 대로는 고개를 끄덕이며 말을 이었다.

"응, 그러고 보니 그랬던 것 같다. 입술이 또렷했던 거 같아. 어쨌든 조금 있으면 밀물이라 할머니를 그대로 둘 수 없었어. 그래서 산파를 먼저 집으로 보내고 할머니에게 다가가 말을 시켰지."

"그랬더니 뭐래?"

현재는 자신도 모르게 침을 꼴깍 삼키며 물었다.

"바위에서 미끄러지면서 발목을 다쳤는지 일어서지 못하고 있는 거야. 그래서 할머니를 업어 의원 집에 모셔다 드렸지. 키도 작고 몸집도 작은데 왜 그리 무거웠는지 지금 생각해도 땀이 날 지경이라니까."

"뭐 이상한 풀 같은 거 갖고 오라고 하지는 않았어?"

현재의 말에 대로는 몸을 움찔거렸다.

"풀에 대해 아는구나! 나한테는 풀을 갖고 오라고 하지는 않았어. 의원 집에 모셔다 드리니까 주머니에서 풀을 한 포기 꺼내 주셨어. 주머니에 있었는데도 이상하게 풀이 하나도 시들지 않았더라고. 할머니가 몸에 좋다며 자기 때문에 힘들었을 텐데 먹으라고 주셨어. 난 아무 생각 없이 그 풀을 먹었지. 뭐, 힘들었던 몸이 좀 좋아진 느낌이 들기는 했어."

"그러고는 다시 그 할머니 못 만났어?"

현재는 자신만 그런 일을 당한 것이 아니라는 사실에 조금 마음이 놓였다. 하지만 여전히 모르는 것투성이였다.

"형수님이 걱정돼서 집으로 돌아왔다가, 다음 날 다시 의원 집에 갔더니 할머니는 아침 일찍 떠났다는 거야. 그렇게 쉽게 걸을 수 없었을 텐데 말이야. 참, 낮에 네가 나한테 한 그 말은 그날 밤에 집으로 돌아가려고 인사했을 때 할머니가 한 말이야. 난 별 뜻 없이 듣고 잊어버렸다가 나중에야 간신히 기억해 냈지."

현재는 대로의 말에 고개를 끄덕이고는 자신에게 일어났던 일을 말해 주었다. 현재가 이야기하는 동안 대로는 고개를 갸웃거리기도 하고, 눈을 휘둥그레 뜨기도 하면서 놀란 빛을 감추지 못했다. 둘은 그렇게 서로에게 일어난 일들을 이야기하며 밤을 지새웠다. 새벽빛이 어슴푸레 방 안을 비추기 시작할 때쯤, 둘은 할머니에게 들은 비밀을 밝혀내기 위해 같이 살기로 마음을 정했다.

48살 현재가 들려주는 교통 이야기

일반 백성, 즉 서민들의 교통수단으로 처음 운행된 것은 바로 전차야. 전차는 1899년에 처음으로 개통되었어. 전차는 이전의 교통수단과 달리, 말이나 소의 힘이 아니라 전기의 힘으로 움직였단다.

전기로 다니는 기차, 전차

전차는 우리나라 최초의 대중교통 수단으로 공중에 설치한 전선에서 전력을 공급받아 궤도 위를 달리는 차야. 처음 한양에 전차가 개통되었을 때, 사람들의 호기심은 대단했어. 일부러 돈을 마련하여 한양으로 올라온 시골 사람들도 있었고, 아침에 타서 저녁까지 내리지 않는 사람들도 있을 정도였어. 게다가 전차만 타다가 재산을 모두 써 버린 사람도 있었대. 처음에 전차는 시속 8km로 운행되었고, 정거장 없이 손을 흔들면 멈추고 태워 주었다고 해.

전차

양반과 일반 백성의 칸이 달랐다

전차는 양반이 타는 상등 칸과 일반 백성이 타는 하등 칸으로 나뉘어 있었어. 아직 신분을 따지던 때였기 때문에 양반과 일반 백성이 같은 칸에 타는 것을 받아들이지 못한 거야. 물론 상등 칸과 하등 칸의 요금도 달랐어. 종로에서 동대문까지 상등 칸의 요금은 엽전 3전 5푼, 하등 칸의 요금은 1전 5푼이었지. 다섯 살 이하의 아이들은 무료였다고 해. 그리고 전차 한 칸에는 40명 정도 탈 수 있었지.

5개월 동안 운행을 멈춘 전차

전차가 개통된 뒤 정상 운행에 들어갈 때쯤 한양에는 큰 가뭄이 계속되었어. 가뭄의 이유가 공중에 설치된 전차의 전선이 공기 중의 습기를 모두 빨아들이기 때문이라는 소문이 나돌았어. 그러다 5월 26일 파고다 공원 앞에서 한 어린이가 전차에 치어 죽는 사고가 일어났지. 이 사고를 보고 흥분한 사람들이 전차를 세우고 전차에 불을 지르고 말았어. 이 때문에 전차는 5개월 가까이 운행을 멈추었지. 이후 전차는 70년 가까이 운행되다가 1968년에 완전히 운행을 멈추었어.

땅속으로 달리는 지하철

지하철은 1863년 영국 런던에서 처음 개통되었어. 이때는 연기를 내뿜는 증기 기관차가 운행되다가 1890년에야 지금과 같은 전기 철도 방식의 지하철이 달리기 시작했지. 우리나라는 1974년 8월 15일에 처음으로 서울역과 청량리 구간을 달리는 지하철이 개통되었어. 모두 9개 역을 운행했지. 현재 우리나라 지하철은 수도권은 9호선까지 개통되었고, 인천, 부산, 대구, 광주와 대전에까지 개통되면서 대도시에서는 없어서는 안 되는 중요한 교통수단이 되었어. 게다가 지하철역이 문화 공간으로 탈바꿈까지 하며 최고의 인기 교통수단이 되고 있단다.

우리나라 지하철 개통식

48살 현재가 들려주는
통신 이야기

교통의 발달은 배달 수단에도 커다란 영향을 주었어. 옛날에는 사람이 걷거나 말을 타고 가서 편지를 전달했지만, 근대에 들어와 배와 철도, 자동차의 등장으로 배달 속도가 훨씬 더 빨라졌어. 그리고 비행기의 등장으로 항공 우편의 시대가 열렸지.

우리나라 최초의 우체국, 우정국

전국 어디든지 똑같은 요금으로 우편 서비스를 제공하는 근대 우편 사업이 시작된 곳은 1840년 영국이었어. 근대 우편 사업이 우리나라에 들어온 것은 1884년이야. 홍영식에 의해 우리나라 최초의 우체국인 우정국이 문을 열고, 서울의 우정총국과 인천의 우정분국 간에 우편 업무가 시작되었지. 하지만 우정총국이 문을 여는 날 일어난 갑신정변(고종 때 급진 개화파가 조선의 근대화와 자주독립을 목표로 일으킨 정변)으로 정권을 잡은 개화파가 사흘 만에 무너지면서 우편 업무도 며칠 만에 중단되고 말았어. 그 뒤 1895년 전국에 우체사라는 관청이 문을 열면서 우편 업무가 다시 시작되었어. 1900년에는 만국 우편 연합에 가입하여 국제 우편도 시작했지만 이후 우리의 우편 기관은 일제의 손에 넘어가고 말았지.

우정총국

개인의 편지를 배달하다

근대 우편 제도가 실시되기 전에 개인의 편지는 하인을 시켜 직접 보냈고, 소포를 보낼 때는 짐꾼이 지게에 지고 가서 전했어. 일반 백성들이 우편을 보내는 일은 거의 없었다고 할 수 있어. 하지만 근대 우편 제도가 시작되면서 개인의 편지도 우표만 사서 붙이면 어디든 배달해 주는 새로운 통신의 역사가 시작되었지. 정부나 특권층만

이용할 수 있었던 우편 제도를 보통 사람들도 내용의 비밀을 보장받으면서 이용하게 된 거야.

벙거지꾼이라 불리던 우편집배원

갑신정변 후 10여 년 만에 우편 제도가 다시 시작되었어. 당시 우편 배달 업무를 담당하는 사람을 체전부 또는 체부라고 했어. 모자를 쓰고 다닌다고 해서 벙거지꾼으로 낮추어 부르기도 했지. 체전부들은 가죽으로 만든 우편 배낭을 메고, 두서너 켤레의 짚신과 우산, 점심으로 먹을 누룽지 등을 허리춤에 차고 다녔지. 초창기 체전부들은 편지를 전해 줬을 뿐만 아니라 들일을 하는 사람을 돕기도 하고, 친척집에 보내는 물건을 전해 주기도 했어. 게다가 편지 내용을 대신 읽어 주기까지 했지.

체전부

슬픈 역사를 간직한 최초의 우표들

우리나라에서 사용된 최초의 우표는 문위 우표야. 당시의 화폐 단위가 5문, 10문 하는 '문'이었기 때문에 나중에 붙여진 이름이라고 해. 문위 우표는 워낙 짧은 기간 동안 사용되어서 소인이 찍혀 있는 것은 겨우 3장밖에 되지 않는대. 1895년 우편 업무가 다시 시작되면서 한가운데 태극 무늬가 찍힌 태극 우표가 발행되었지. 1897년에 조선에서 대한 제국으로 나라 이름이 바뀌었지만 우표를 다시 만들 형편은 안 되었어. 그래서 '대한'이라고 판 도장을 '죠션'이라는 글자 위에 찍어 썼어. 이렇게 만든 우표를 가쇄 우표라고 해. 여기서 '가쇄'란 우표에 인쇄를 한 번 더 했다는 뜻이야.

문위 우표　　　　　태극 우표

"왜 그래? 힘들어?"

대로는 고개를 푹 숙이고 앉아 있는 현재가 걱정스러웠다. 몇 달 전, 아우내 장터에서 삼일 운동을 겪은 뒤로 현재는 날마다 한숨만 쉬었다.

"응. 그때, 민란이 일어났을 때가 자꾸 생각나."

현재의 말에 대로가 고개를 끄덕이며 말했다.

"그래. 그럴 거야. 우리 다른 곳으로 이사 가는 게 어때? 이곳에서 산 지도 벌써 5년이 지났어. 계속 충청도에 있을 게 아니라 경성으로 올라가자."

현재와 대로는 그동안 천안의 아우내 장터 근처에 살았다.

"우리가 갑자기 없어지면 사람들이 이상하게 생각하지 않을까?"

현재가 걱정스럽게 물었지만 대로는 고개를 가로저었다.

"삼일 운동 뒤로 다른 사람들도 정신이 없어. 이럴 때 경성으로 옮기는 게 좋을 것 같아."

"그래, 맞아. 정치, 사회, 문화, 경제의 발달이 모두 경성에서 시작되니까 아무래도 우리에게 필요한 정보를 많이 얻을 수 있을 거야."

"그럼. 게다가 경성은 사람도 많고 다들 바쁘니까 우리 모습을 신경 쓰는 사람도 없을 거야."

대로가 맞장구를 치자, 현재도 마음을 굳힌 듯 입술을 깨물며 고개를 끄덕였다.

다음 날, 현재와 대로는 꼭 필요한 물건만 가지고 경성으로 향했다.

"우아! 진짜 경성은 뭐가 달라도 다르다!"

종로 한복판에 선 현재와 대로는 사방으로 쭉쭉 뻗은 도로를 보고 눈이 휘둥그레졌다. 도로 위를 달리는 전차도, 자동차도 모두 신기하기는 마찬가지였다.

"저기 저것 좀 봐. 저게 그 말로만 듣던 자동차인가 봐. 바람을 뚫고 달린다더니 진짜 빠르다. 우아!"

대로는 처음 보는 자동차에 흥분을 감추지 못했다.

"그런데 너무 빨리 달려서 문제인가 봐. 글쎄, 어떤 미국 사람이 저 자동차라는 것을 타고 가다 소달구지를 들이받아 사고를 냈다고 하더라고. 저렇게 빨리 달리니 어떻게 피하겠어."

현재는 지나가는 자동차를 못마땅한 듯 쳐다봤다.

"그래도 나는 저 자동차 한번 운전해 보고 싶다. 마차를 몰던 윤권이라는 사람이 의친왕의 자동차를 운전한다고 하던데? 운전만 할 수 있으면 임금님도 만날 수 있을 테니 얼마나 좋아."

현재와 달리 대로는 자동차를 바라보는 눈길이 부드러웠다. 그러다 갑자기 이마를 찌푸렸다.

"하기야 내가 어떻게 자동차를 몰겠냐. 자동차는 모두 대신들이나 일본인들 것이니, 우린 만져나 볼 수 있겠냐. 그나저나 이곳에서는 또 무슨 일을 하며 먹고사나?"

대로의 말에 현재는 너털웃음을 웃어 보였다.

"왜? 왜 그렇게 웃어? 사람 쑥스럽게."

대로는 머리를 긁적이며 현재를 보았다.

"말하는 게 꼭 노인네 같아. 누가 들으면 꿀밤이라도 한 대 먹이겠다."

현재는 웃음을 멈추지 못했다.

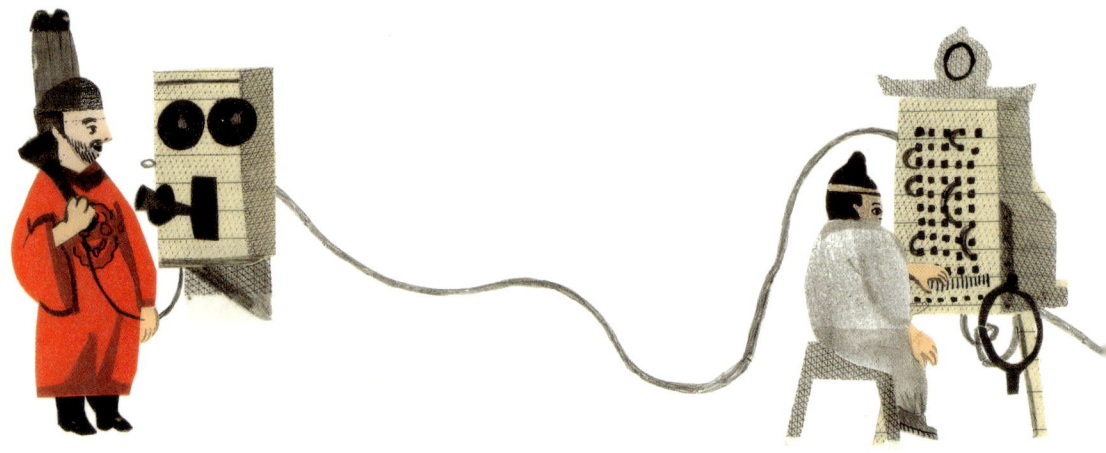

"당연하지. 이래 봬도 벌써 쉰 살이 넘었단 말이야."

이렇게 말하는 대로 역시 웃음을 감추지 못했다.

며칠 뒤, 현재와 대로는 나름대로 자신에게 맞는 일자리를 구했다. 현재는 북촌과 남촌을 오가며 고무신을 팔기로 했고, 대로는 장터에서 지게꾼을 하기로 했다.

"정말이지 경성은 대단한 것 같아. 북촌에 있는 기와집을 보고 놀라 자빠질 뻔했다니까. 엄청 크고 으리으리해."

북촌으로 고무신을 팔러 갔다 돌아온 현재가 혀를 내두르며 말했다.

"난 오늘 종로 포목점에서 일했는데, 희한한 이야기를 들었어. 글쎄, 임금님이 돌아가신 고종 임금님의 묘에 날마다 덕률풍이라는 것을 걸어서 안부를 묻고 곡을 하신다는 거야."

대로의 말에 현재는 고개를 갸웃거렸다.

"덕률풍? 그게 뭐야? 안부는 직접 찾아가서 묻는 거 아니야?"

현재의 모습에 대로는 손사래를 치며 웃었다.

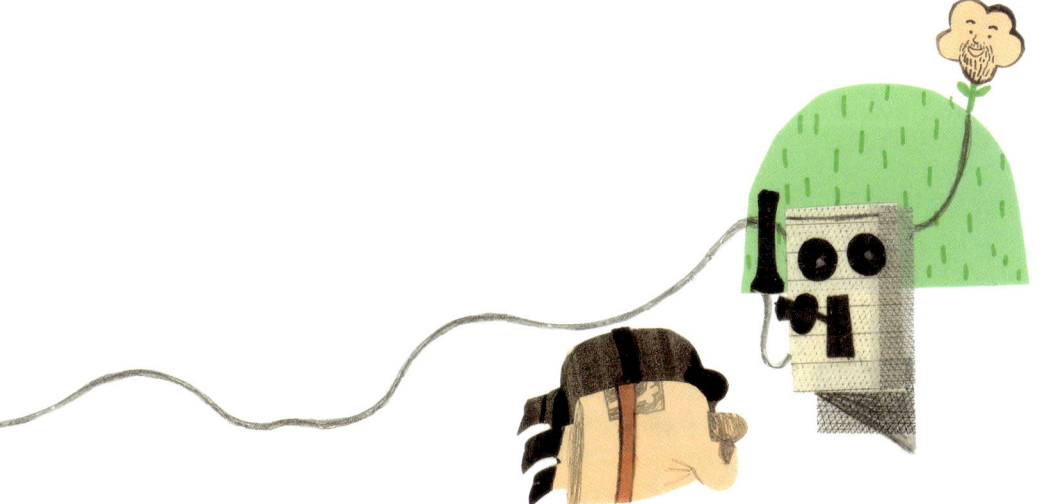

"덕률풍이라는 것이 궁궐에 있대. 고종 임금님이 1896년에 궁궐에 처음 이 덕률풍을 설치했는데, 말 전하는 기계라고 '전어기'라고도 한대. 대신들은 이 덕률풍이 따르릉 울리면 큰절을 네 번 하고 무릎을 꿇고 받는대. 그런데 고종 임금님이 돌아가신 뒤, 임금님이 고종 임금님의 능에 덕률풍을 설치하고 날마다 아침저녁으로 덕률풍을 걸어서 곡을 하신다는 거야. 멀리 떨어져 있어도 이 덕률풍만 있으면 서로 말을 할 수 있대. 어때 신기하지?"

현재는 입을 쩍 벌리고 대로의 이야기를 들었다. 멀리 떨어져 있는 사람과 이야기를 나눌 수 있다니 대로의 말처럼 그저 신기하기만 했다.

문득 현재 머릿속을 스쳐 지나가는 말이 하나 있었다.

"먼 곳이 가까워질 때 너의 역사도 이어진다."

현재와 대로는 약속이라도 한 것처럼 똑같이 말을 내뱉었다. 둘은 서로의 얼굴을 한참 동안 바라봤다.

대로는 도대체 모르겠다는 낯빛으로 투덜거렸다.

"도대체 이 말이 무슨 뜻일까? 혹시 덕률풍과 관계가 있는 걸까?"

"그러게. 아직은 나도 모르겠어. 그나저나 난 이제 나이를 좀 먹고 싶어. 사람들이 늘 날 어린아이 취급하니까 싫단 말이야. 내가 자기들보다 나이를 먹어도 얼마나 더 먹었는데, 머리를 쓰다듬지 않나, 꿀밤을 먹이지 않나."

현재는 입을 삐죽거렸다. 그동안 말은 안 했지만 자신보다 나이 어린 어른들이 자기를 꼬마 취급하는 것이 무척 싫은 눈치였다.

"크크크. 하긴 그래. 나도 아직 어른이 아니라고 무시하면 싫은데, 넌

더하겠다. 벌써 예순여덟 살인데 말이야. 어이구, 할아버지 많이 힘드시겠어요?"

"애들은 모른다. 이 어른의 깊은 마음을."

대로의 장난스런 말에 현재의 기분이 풀렸다. 하지만 현재도, 대로도 할머니가 했던 이야기가 무슨 뜻인지 궁금한 마음은 사라지지 않았다.

"참, 나 내일 제물포에 갔다 와야 해. 평양에서 새로 만든 고무신이 들어온대. 하나 사 오려고. 일본에서 만든 고무 단화하고는 많이 다르다는데 어떻게 생겼는지 궁금해."

"그래? 너 같은 꼬마가 제물포에 혼자 갔다 올 수 있을까?"

대로는 여전히 현재를 놀리듯 말했다.

"어허, 할아버지 놀리면 못쓴다. 그러다 혼나는 수가 있다. 어험."

현재가 짐짓 할아버지 같은 말투로 꾸짖듯 말하자 대로는 배를 잡고 웃었다.

"아이고, 누가 들으면 우리 미친 줄 알겠다. 하하하."

현재도 대로를 따라 한참을 웃었다.

"경인선 기차를 한번 타 보고 싶었는데, 잘됐지 뭐."

현재의 말에 대로는 호기심 가득한 얼굴로 눈동자를 깜박거렸다.

"나도 같이 갈까? 나도 기차 한번 타 보고 싶은데. 기차는 전차와는 또 다른 느낌일 거야. 내일도 이렇게 비가 많이 오면 어차피 지게 일도 없을 거고."

대로가 창문 밖으로 세차게 내리는 빗줄기를 쳐다봤다.

"그러지, 뭐. 같이 가자."

다음 날, 둘은 함께 기차를 타기 위해 노량진으로 향했다.

경인선 기차는 노량진에서 제물포까지 하루 두 번 오고 갔다. 둘은 처음 타 보는 기차가 신기하기만 했다.

기차 창문에 부딪히는 빗줄기를 보며 현재가 중얼거렸다.

"하룻길이던 제물포까지 1시간 30분밖에 안 걸린다니. 가서 고무신 사고 돌아와도 저녁 전이겠어. 정말이지 예전에는 멀기만 했던 곳이 점점 가까워지고 있어. 그렇다면 내 역사도 이어져야 하는데……."

하지만 대로는 기차 안 풍경이 신기하기만 한지, 자리에 제대로 앉지도 않고 기차 안을 이리 기웃, 저리 기웃 하며 돌아다녔다.

"야, 현재야! 창밖을 좀 봐. 어쩜 철로 만든 게 이렇게 빨리 달리냐. 신기하다 신기해. 이 칙칙폭폭 하는 소리도 너무 멋있지 않냐? 나 이런 기차 모는 사람이 되고 싶다. 이상하지? 한 번도 어떤 사람이 되고 싶다는 생각을 해 본 적 없었는데."

대로는 들뜬 기분 때문인지 말을 멈추지 못했다.

"멋있을 거 같지 않아? 이런 기차 모는 사람. 그나저나 이런 기차 모는 건 어디서 배우나? 혹시 너 알아? 아까 보니까 새카만 모자 딱 쓰고 저 맨 앞쪽에 올라타는 아저씨 봤는데 진짜 멋있더라. 게다가 열차 요금도 이렇게 비싸니 돈도 얼마나 많이 벌겠어?"

현재도 열차 요금이 너무 비싸다는 생각이 들었다.

"그건 그래. 세상에, 우리가 탄 이 3등석도 40전이나 하다니. 아무나 탈 수 없을 것 같아. 1등석은 1원 50전이나 한다며?"

대로도 고개를 끄덕이며 말했다.

"응. 1원 50전이면 짜장면이 50그릇이야. 이거 고민인걸. 1등석을 타 보느냐, 짜장면 50그릇을 먹느냐. 응, 고민이야, 고민!"

대로는 진짜로 고민이 되는 표정이었다. 그 표정이 얼마나 진지한지 현재는 자기도 모르게 웃음이 터져 나왔다.

"별걸 다 고민한다. 난 짜장면에 한 표!"

둘이 수다를 떠는 동안 어느새 기차는 제물포역으로 들어섰다.

"자, 이제 내려 볼까?"

현재가 내릴 준비를 하는데 갑자기 대로가 자신의 주머니를 이리저리 뒤적거렸다.

"어, 이상하다? 분명히 여기 주머니에 넣었는데……. 이게 대체 어디 갔지?"

대로는 당황했는지 무척 허둥거리며 무엇인가를 찾았다.

"왜? 뭐 찾는데?"

현재가 궁금한 듯 묻자 대로는 잔뜩 이마를 찌푸린 채 대답했다.

"승차권, 딱지 승차권 말이야. 분명히 여기 넣었는데 어디 갔는지 모르겠어. 잃어버린 건 아니겠지?"

그런데 현재는 별로 놀라는 눈치가 아니었다.

"잘 찾아봐. 어디 있겠지. 승차권에 발이 달린 것도 아닌데 어디로 도망가겠어."

현재는 입가에 웃음기까지 머금고 있었다.

"아, 미치겠다. 이게 도대체 어디 갔지?"

대로는 급한 마음에 웃옷을 벗어 뒤지기까지 했다. 그런 대로의 모습을 보던 현재는 갑자기 웃음을 참지 못하며 깔깔거리기 시작했다. 그제야 대로도 눈치를 챈 듯했다.

"나현재! 네가 가지고 갔지!"

대로는 한 손에는 웃옷을 들고, 다른 손으로 현재를 가리켰다. 거의 현재에게 달려들 듯한 표정이었다.

"하하하. 아까 자리에서 일어나면서 떨어뜨린 거야. 내가 가져간 거 아니라고."

현재는 한 손에 두 장의 승차권을 들고, 내리는 문 쪽으로 뛰어가며 소리쳤다. 대로는 한편으로는 안심이 되고, 다른 한편으로는 창피한 마음이 들어서인지 새빨개진 얼굴로 현재의 뒤를 쫓아갔다.

68살 현재가 들려주는 교통 이야기

현대적인 교통수단의 하나인 자동차가 우리나라에 처음 들어온 것은 1903년이야. 이 해는 고종 황제가 왕위에 오른 지 40년이 되는 해로, 이를 기념하기 위해 신하들이 고종에게 자동차를 선물한 거야. 하지만 고종은 자동차를 그다지 좋아하지 않았다고 해. 자동차를 주로 즐긴 사람은 고종의 둘째 아들인 순종이었어. 순종은 외국 공관의 파티나 모임에 갈 때 꼭 자동차를 타고 갔대.

순종이 타던 자동차

최초의 증기 자동차

1769년 프랑스의 군인이었던 니콜라스 조제프 퀴뇨는 최초로 증기 자동차를 만들었어. 앞바퀴 하나, 뒷바퀴가 둘인 삼륜차로 나폴레옹 군대의 대포를 나르기 위해 만들었지. 증기 자동차는 증기 기관차와 마찬가지로 석탄을 때서 물을 끓일 때 나오는 증기의 힘으로 움직였어. 앞바퀴에 크고 무거운 증기솥이 얹혀 있어서 방향을 바꾸기 힘들고, 속도도 무척 느렸지. 게다가 15분마다 증기솥에 물을 채워야 하는 번거로움이 있었어.

퀴뇨의 증기 자동차

1873년에 처음 만들어진 전기 자동차

전기의 힘으로 움직이는 전기 자동차는 1873년에 처음 등장했어. 배기가스가 나오지 않고 소음도 적고, 연료비도 적게 들며 폭발할 걱정도 없었기 때문에 무척 인기가 좋았지. 하지만 배터리가 무겁고 충전하는 데 오래 걸리는 단점 때문에 나중에 개발된 가솔린 자동차에 밀리게 되었어. 최근에는 공해나 연료 문제를 해결할 수 있는 전기 자동차가 미래의 교통수단이 될 것으로 여겨지고 있어. 세계 여러 나라에서 단점을 줄이고 성능을 키울 수 있는 전기 자동차를 개발하고 있지.

마차에 엔진을 얹어 만든 오늘날의 자동차

1885년에 독일의 칼 벤츠가 바퀴가 3개 달린 마차에 가솔린 엔진을 단 자동차를 만들었어. 같은 해 고틀리에프 다임러는 내연 기관을 단 세계 최초의 오토바이를 만들었고, 바퀴가 4개 달린 가솔린 자동차를 만들었지. 가솔린 자동차의 개발로 이동 속도가 빨라지면서 교통은 점점 편리해졌어. 게다가 1908년 헨리 포드가 가격이 저렴하면서도 한꺼번에 여러 대의 자동차를 만들 수 있는 자동차 공장을 세우면서 자동차는 급속히 발달했지.

포드가 만든 자동차 '모델 T'

최초의 벤츠

우리나라의 자동차

우리나라에는 자동차가 들어온 이후에도 도로가 발달하지 못했기 때문에 자동차 발달이 늦어졌어. 하지만 6·25 전쟁 이후 자동차 교통이 발달하기 시작했고, 고속도로가 개통되면서 급속한 성장을 했어. 오늘날에는 집집마다 1대 이상의 자동차를 가지고 있을 정도로 우리 국민이 즐겨 이용하는 교통수단으로 자리 잡았지.

68살 현재가 들려주는 통신 이야기

우리나라에 전화기와 전화선이 처음 들어온 것은 1882년이지만 당시에는 널리 쓰이지 못했어. 1896년에 들어와서 궁궐에서도 이용하기 시작했지. 궁궐에 3대, 정부 9개 부처에 저마다 1대씩을 놓았다고 해.

전화기를 발명한 벨, 전화기를 편리하게 만든 에디슨

전화를 발명한 사람은 알렉산더 그레이엄 벨로 알려져 있어. 하지만 비슷한 시기에 전화를 발명한 사람들이 더 있었고, 벨은 처음으로 전화의 특허를 얻었다고 해. 벨은 멀리 떨어져 있는 조수 왓슨에게 전화해서 자기가 있는 곳으로 오라는 최초의 통화를 했어. 1876년 3월 10일의 일이야. 그후 1878년 에디슨이 전화기를 편리하게 개량하자 전화를 이용하려는 사람들이 많아졌지. 하지만 이때의 전화기는 통화를 하려면 손잡이를 돌려 교환원을 부르는 수동식 전화기였어. 그 후 1889년 미국의 스트로저가 교환원이 필요 없는 자동식 교환기를 개발하고, 이후에 다이얼 전화기도 발명되면서 다이얼을 돌리면 통화하고자 하는 상대방과 바로 연결되는 자동 교환 방식이 등장했어.

덕률풍이 울리면 절부터

우리나라에서 처음 전화를 쓰기 시작했을 때, 사람들은 전화를 덕률풍이라고 불렀어. 영어의 telephone을 소리 나는 대로 한자로 표기한 거야. 궁궐에 덕률풍이 설치되자 임금과 신하들이 전화 통화를 많이 하게 되었는데, 전화벨이 울리면 신하들은 먼저 절을 하고 전화를 받았어. 그것도 무릎을 꿇고 말이야. 물론 전화 받을 사람은 관복을 똑바로 고쳐 입고, 상투를 고쳐 세워 마음의 준비까지 했대. 전화를 건 임금에게 예의를 갖춰야 한다고 믿었기 때문이야.

전화로 묘에 문안을 올린 고종

고종은 자동차는 싫어했지만 다른 서양 문물에 대해서는 많은 관심을 보였어. 특히 전화를 좋아해서 나라의 어른이 돌아가셨을 때 전화로 곡을 할 정도였대. 자신이 왕위에 오르는 데 큰 역할을 했던 헌종의 어머니인 조 대비가 1890년에 세상을 떠나자, 이듬해 조 대비의 묘가 있는 동구릉에 전화선을 임시로 개설하기까지 했지. 아침저녁으로 문안을 올릴 수 없으니까 전화로 문안을 드린 거야. 이 전화선은 3년상이 끝난 뒤 철거됐어.

13명의 가입자에서 시작된 일반 전화의 역사

궁궐 밖에서 일반 사람들이 전화를 사용하기 시작한 것은 1902년 6월이었어. 당시 서울의 한성 전화소는 13명의 가입자로 전화 업무를 시작했어. 그 후 가입자가 조금씩 늘어나 해방 직후에는 5만 대, 1961년에는 12만 대에 이르렀지. 1960년대에는 우리나라 전화 사정이 무척 좋지 않았어. 회선과 교환 시설의 부족으로 가입 신청을 하고 1년 이상 기다렸다 전화를 놓는 경우도 많았지. 하지만 1970년 전화통신법의 개정으로 가입자가 급속히 늘면서 1975년에는 100만 대를 돌파했어. 1990년대에는 휴대 전화가 도입되면서 유선 전화보다는 휴대 전화 사용이 급속히 늘었지.

특히 과학 기술의 발달로 스마트폰이 개발됨에 따라 오늘날 휴대 전화는 전화 기능 이외에도 금융, GPS(위치 측정 시스템) 등 다양한 기능을 할 수 있게 되었어. 스마트폰은 오늘날 많은 사람들에게 필수품이 되었지. 현재 휴대 전화 가입자는 약 7천만 명에 달할 정도야.

나와 너, 그리고 우리가 되다

"쾅! 쾅! 콰르르, 쾅!"

밤새 이어지던 대포 소리는 새벽녘이 되면서 잦아들었다.

"우리도 피난 가야 하는 거 아니야? 오늘 지나면 더 이상 피난 기차도 없을지 모른다는데?"

대로가 이불을 뒤집어쓴 채 말했다. 밤새 대포 소리에 몸을 오들오들 떨어서인지 목소리도 떨리는 듯했다.

"그래야겠지? 일단 필요한 것만 대충 챙겨서 얼른 기차역으로 가자."

둘은 그동안 모아 두었던 돈과 쌀, 옷과 간단한 이불만 챙겨 서둘러 서울역으로 향했다. 서울역 광장은 피난 열차를 타려는 사람들로 발 디딜 틈조차 없었다. 아이들이 우는 소리, 손을 놓쳐 잃어버린 식구들을 부르는 소리로 난장판이었다. 혹시 잃어버릴지도 모른다는 생각에 현재와 대로도 둘의 허리를 끈으로 묶었다.

사람들로 발 디딜 틈조차 없는 것은 열차 안도 마찬가지였다. 아니, 열차와 열차 사이, 심지어는 열차 지붕 위에도 자리를 잡을 수 있는 곳이라면 어디라도 사람들이 있었다.

"자, 어서 올라가. 어서!"

대로는 현재와 자신을 이어 주던 줄을 끊고는 현재를 어깨 위로 번쩍 올렸다. 하지만 현재가 아무리 손을 뻗어도 열차 지붕 위로 올라갈 수는 없었다.

"손 좀 뻗어 봐. 응? 뭐라도 잡아 보라고!"

대로가 숨을 몰아쉬며 외쳤다. 현재는 있는 힘껏 손을 뻗어 간신히 기차 지붕 위로 올라갔다.

"꽥! 꽥애애액!"

열차가 이제 떠나려는 듯 여러 번 기적을 울렸다. 그런데 지붕 위로 올라간 현재 눈에 대로가 보이지 않았다. 지붕 위는 물론이고, 사다리에도, 사다리 밑에 몰려 있는 사람들 사이에도 대로의 모습은 없었다.

"대로야! 대로야! 대로야!"

목이 터져라 대로의 이름을 불렀지만, 사람들 소리에 묻혀 현재의 목소리는 제대로 들리지도 않았다.

"꽤애애액! 칙칙, 칙칙, 칙칙폭폭!"

현재의 안타까움과 상관없이 열차는 천천히 바퀴를 굴리며 움직이기 시작했다. 열차가 움직이자 지붕에 탄 사람들은 열차에서 떨어지지 않기 위해 끈으로 서로의 몸을 묶기도 하고, 팔을 서로 엉켜 감으며 몸을 움츠렸다. 거의 지붕 가장자리에 앉은 현재도 떨어지지 않기 위해 바닥에 몸을 착 붙였지만, 눈으로는 계속 대로를 찾아 헤맸다. 하지만 아무런 소용이 없었다. 달리는 열차에서, 그것도 제대로 앉아 있기도 힘든 지붕 위에서 움직이는 건 목숨을 걸 정도로 위험한 일이었다. 현재는 대로가 지붕에 올라탔다고 해도 자신을 찾기 위해 움직이지는 못할 거라는 사실을 깨달았다.

사람들과 짐으로 뒤엉킨 열차는 한강을 건너 남으로 남으로 내달렸다. 한참을 달리던 열차는 수원에 멈추더니 움직일 생각을 하지 않았다. 열차 안에 있던 사람들은 자리를 뺏기지 않기 위해 꼼짝도 하지 않았지만, 지붕 위에 있던 사람들은 잠깐이라도 기지개를 펴기 위해 몸을 일으키기도 하고, 지붕에서 내려 걷기도 했다.

현재도 어쩔까 고민을 하다가 곧 사다리를 타고 아래로 내려왔다. 대로를 찾기 위해서였다. 막 발을 땅에 내디딜 때였다. 누군가 뒤에서 현재를 번쩍 들어 땅에 내려놓았다. 깜짝 놀란 현재가 뒤를 돌아보니 대로가 하얀 이를 내놓고 웃고 있었다.

현재가 눈살을 찌푸리며 대로에게 툴툴거렸다.

"어, 뭐야! 헤어진 줄 알고 깜짝 놀랐잖아."

"바보! 우리가 어떻게 헤어지냐. 사람들한테 밀려서 저 맨 끝까지 갔다가 간신히 문에 매달려 왔어. 내가 누구냐? 죽지 않는 불사조 아니야. 별

걱정을 다 한다."

대로의 말에 현재는 자신들의 처지가 새삼스럽게 느껴졌다.

"어차피 죽지도 않을 거, 우리 힘겹게 피난 가지 말고 그냥 여기에 내리자. 한 명이라도 더 갈 수 있게. 어때?"

현재의 말에 대로는 고개를 끄덕였다.

"그것도 좋을 것 같네. 에이, 그래! 그렇게 하자."

현재와 대로는 짐을 챙겨 수원역 밖으로 나갔다. 역 밖도 피난 가려는 사람들로 가득했다. 현재와 대로는 와글와글 모여 있는 사람들을 뒤로하고 역을 빠져나왔다.

많은 사람들이 피난을 갔기 때문인지 빈집을 찾기는 그리 어렵지 않았다. 살 곳을 정한 대로는 몇 날 며칠을 아무 일도 하지 않고 잠만 잤다. 전쟁 때문에 그동안 신경을 많이 쓴 모양이었다. 대로가 자는 사이 현재는 수원 이곳저곳을 돌아다니며 상황을 살폈다.

"야! 잠보. 그만 일어나는 게 어때?"

현재가 대로를 흔들어 깨웠다. 현재의 말에 부스스 일어난 대로는 깜짝 놀랐다. 현재 옆에 몸집이 커다란 한 여자아이가 서 있었기 때문이다. 겉으로 보기에는 열서너 살은 되어 보였다.

"뭐, 뭐야? 누구야?"

대로는 잠이 덜 깨서인지 여자아이를 보며 눈살을 찌푸렸다.

"나중에 자세히 말해 줄게. 어쨌든 당분간 우리랑 같이 살 거야. 괜찮겠지? 인사해. 여기는 이대로 형이고, 이쪽은 최그만. 어머니가 딸을 내리 네 명을 낳아서 아들을 봐야 한다고 그만이라고 지었대."

현재의 말을 듣고 대로는 잠이 화들짝 달아났다.

"무슨 말이야? 우리랑 같이 살다니. 너, 나 좀 보자."

대로는 뒤도 돌아보지 않고 밖으로 나갔다. 대로의 뒤를 현재가 터벅거리며 따라 나왔다.

"어쩌려고 그래? 그러다 우리 비밀을 알게 되면 어떡하려고?"

"그건 나도 아는데, 식구들이랑 떨어져서 혼자야. 며칠 동안 계속 길거리에서 피난하는 사람들에게 구걸을 하더라고. 불쌍하잖아. 열한 살밖에 안 됐다는데, 여자아이 혼자서 얼마나 힘들겠어. 오래 머물지는 않을 거야. 그러니까 걱정하지 마."

대로는 방 안에 앉아 있는 여자아이를 힐끗 쳐다봤다. 현재 말처럼 몰

골이 말이 아니었다. 게다가 오래 머물지 않을 거라고 하니 걱정하지 않아도 될 듯했다.

"알았어. 그럼, 네가 알아서 해."

대로는 더 이상 아무 말도 하지 않았다.

그렇게 셋이 함께 사는 생활이 시작되었다. 하지만 시간이 지나면 지날수록 그만이는 보통의 여자아이와 조금 달랐다.

"어이구, 이런 시래기는 된장에 무쳐야 제맛인데. 이런 난리 통에 어디서 맛난 된장을 구하겠어."

"늦게 다니지 마라. 그리고 밤에는 희멀건하게 보이는 곳은 밟으면 안 된다."

"쯧쯧. 사람이 무섭지 귀신이 무섭냐."

그만이는 열한 살인데, 보통 열한 살 여자아이의 말투가 아니었다. 게다가 바느질 솜씨는 얼마나 좋은지 혀를 내두를 정도였다. 그만이의 이상한 행동과 말투를 느낄 때마다 대로는 이상한 눈빛으로 그만이를 쳐다보았다. 현재도 그만이가 이상하게 느껴지는 건 마찬가지였다.

그러던 어느 날이었다. 현재와 대로는 따뜻한 햇살을 쐬기 위해 대문 앞에 나란히 앉아 있었다.

"그나저나 이 전쟁은 언제까지 갈까? 우리 같은 사람이야 삶과 죽음이 상관없지만, 다른 사람들에게 이 전쟁은 참 힘들 것 같아."

현재의 말에 대로도 고개를 끄덕였다.

"그래. 그럴 거야. 그나저나 '먼 곳이 가까워질 때 너의 역사도 이어진다'는 말은 도대체 무슨 뜻일까? 내가 보기에 '너의 역사도 이어진다'는 우리가 다시 나이를 먹는다는 의미일 거 같은데 네 생각은 어때?"

대로가 이렇게 말하며 현재 쪽으로 고개를 돌렸다. 그때 갑자기 뒤에서 우당탕 무엇인가 떨어지는 소리가 들렸다. 현재와 대로는 화들짝 놀라 벌떡 일어나 뒤를 보았다. 그만이가 들고 있던 쟁반을 떨어뜨린 채 현재와 대로를 보고 있었다. 두 손은 부르르 떨고 있었고, 눈동자도 손처럼 떨렸다.

"그만아……."

현재와 대로는 그만이가 자신들이 하는 이야기를 들었다는 걸 알 수 있었다. 하지만 아무리 자신들의 이야기를 들었더라도 그만이의 행동은 이해할 수 없었다.

그만이가 떨면서 입을 열었다.

"그, 그, 그 말을 너희가 어떻게 알아?"

그만이의 말에 현재와 대로는 너무나 놀라 숨이 멎는 듯했다.

"너, 너희가, 너희가 '먼 곳이 가까워질 때 너의 역사도 이어진다'라는 말을 어떻게 아느냐고?"

이젠 현재와 대로의 손과 눈동자가 그만이처럼 떨렸다. 그렇다면 그만이도 자신들과 처지가 같을 것이라는 생각이 현재와 대로의 머릿속을 번개처럼 스쳐 지나갔다.

세 사람은 놀란 가슴을 가라앉히며 어떻게 그 말을 알게 되었는지 서로에게 이야기해 주었다. 그만이가 할머니를 만난 것은 막 가을이 시작될 즈음이었다고 했다. 밭에서 일하고 있는데, 갑자기 큰 비가 내려 부랴부랴 집으로 돌아가다가 나무 밑에서 비를 맞고 와들와들 떨고 있는 할머니를 만난 것이다. 그래서 할머니를 집으로 데려와 옷도 말리고 먹을 것도 드렸는데, 비가 그치고 떠나려던 할머니가 고맙다며 건네주는 풀을 먹고는 더 이상 나이를 먹지 않게 되었다고 했다. 그만이가 열한 살이던 1890년의 일이었다고 한다. 처음에는 식구들과 함께 살았지만, 변하지 않는 겉모습 때문에 마을 사람들이 수군거리며 손가락질을 해서 열여덟 살 어느 날에 집을 나와 지금까지 혼자 살았다고 했다.

그만이가 왜 그럴 수밖에 없었는지는 누구보다 현재와 대로가 깊이 이해할 수 있었다. 결국 세 사람은 함께 살기로 했다. 그만이 혼자 다른 사람의 눈을 피해 사는 것도 힘들뿐더러 함께 사는 것이 할머니가 남긴 말의 비밀을 찾는 데 훨씬 좋을 것 같았기 때문이다.

99살 현재가 들려주는
교통 이야기

우리나라에 처음 기차가 달리기 시작했을 때 사람들은 기차를 '화륜 거'라고 불렀어. 기차 바퀴를 가리켜 불을 번쩍인다는 뜻에서 화륜(火輪)이라고 했는데, 여기에 수레라는 뜻을 덧붙여 화륜거라고 한 거야. 이때는 객차를 수레라고 했거든.

인류 최초의 기관차, 증기 기관차

석탄을 태워 물을 끓여 나오는 수증기의 힘으로 움직이는 기차를 증기 기관차라고 해. 증기 기관차는 마차보다 훨씬 빠르고 몇십 배나 많은 사람들을 한 번에 나를 수 있어서 무척 인기가 높았지. 하지만 물과 석탄을 싣고 다녀 큰 힘을 내기 어렵고, 속도가 느린 단점이 있었어. 게다가 석탄 가루와 매연도 문제였지.

최초의 증기 기관차

증기 기관차에서 디젤 기관차, 그리고 전기 기관차로

20세기 초, 경유를 사용하는 디젤 기관차가 나오면서 증기 기관차의 단점은 어느 정도 해결되었어. 디젤 기관차는 운전이 훨씬 간단하고 속도도 빨라 지금도 세계 곳곳에서 사용되고 있지. 하지만 석유값이 치솟고 있고, 공해와 소음 문제는 여전히 심각해. 20세기 초에 등장한 전기 기관차는 처음에는 증기 기관차보다 느렸지만, 컴퓨터가 발명되면서 빠른 속도로 발전했어. 디젤 기관차보다 훨씬 빠르고, 소음이나 매연 걱정도 없기 때문에 앞으로 대부분의 기관차는 전기 기관차로 바뀌게 될 거야.

디젤 기관차

일본이 놓은 우리나라 최초의 철도, 경인선

서울 노량진과 인천 제물포를 오가는 우리나라 최초의 철도인 경인선은 1899년 일본에 의해 만들어졌어. 우리 정부는 철도사라는 관청을 두고 철도를 놓으려고 했지만 일본의 끊임없는 방해와 자금 부족으로 놓을 수 없었어. 그러다 '모스'라는 미국인이 경인선 건설 권리를 따냈는데, 자금이 부족해지자 일본에 권리를 팔아넘기고 말았단다.

빠르게 달리는 기차, 고속 철도

한 시간에 약 200km 이상으로 달릴 수 있는 철도를 고속 철도라고 해. 고속 철도는 비행기보다는 조금 느리지만 전기로 움직이기 때문에 공해도 적고, 중간에 여러 역을 지나기 때문에 지방 관광 산업에도 도움을 줘. 고속 철도는 나라마다 이름이 다른데, 세계 최초로 고속 철도를 개통한 일본의 고속 철도는 '신칸센', 프랑스는 '테제베', 독일은 '이체', 스페인은 '아베'라고 해. 그리고 우리나라의 고속 철도 이름은 '케이티엑스 KTX(Korea Train Express)'야.

KTX

공중에서 달리는 자기 부상 열차

자기 부상 열차란 전자기력에 의해 레일에서 낮은 높이로 차량이 떠서 달리는 열차를 말해. 바퀴 없이 차량과 레일이 N극과 S극
의 반발력으로 서로 떨어진 채 달리는 방식이야. 속도가 매우 빠르고, 소음과 진동을 거의 느낄 수 없다고 해. 우리나라에서는 인천 공항 자기 부상 열차가 인천 공항 1터미널역과 용유역을 잇는 구간에서 운행되고 있어.

교통수단이 있는 곳에는 꼭 쉬었다 가는 곳이 있어야 해. 물론 교통수단이 무엇인지에 따라 이름도 다르고, 모양도 많이 다르지. 하지만 길과 길을 이어 주고, 지친 몸이나 교통수단이 쉬어 가고, 사람이나 물자를 실어 나르는 구실을 하는 것은 모두 마찬가지야.

역참 제도에서 발달한 역

역이라고 하면 철도역을 가리키는 경우가 많아. 역이라는 말은 옛날의 역참 제도에서 유래되었어. 역참은 나라의 명령이나 문서를 전달하기 위한 제도였어. 역은 문서를 전달하는 사람들이 말을 갈아타거나, 말을 타고 오가는 사람들이 잠을 자는 곳이었어. 하지만 오늘날의 역은 기차가 달리다가 사람이나 짐을 싣거나 내리는 곳이야. 역이 있는 곳에는 도시가 만들어지고, 점점 더 큰 도시로 발달하지. 기차를 타려고 모여든 사람들을 위해 역 주변에 음식점이나 여관, 시장이나 상가 같은 시설들이 생기기 때문이야.

옛날의 역 / 오늘날의 기차역

수많은 버스가 들고 나는 터미널

터미널 하면 버스 터미널을 먼저 떠올리겠지만, 원래 터미널은 버스뿐만 아니라 열차나 항공 등의 종점이나 탈것들이 많이 모여 있는 장소를 뜻해. 하지만 요즘은 보통 버스 터미널, 즉 버스들이 모여 있는

버스 터미널

장소를 말하지. 터미널은 거의 모든 도시에 하나쯤은 있고, 서울과 같은 대도시에는 더 많은 터미널이 있어.

크고 작은 배들이 쉬어 가는 부두

부두는 배가 멈춰서 사람이나 화물을 싣고 내리는 곳이야. 외국과의 무역품이 오고 가는 장소로도 무척 중요하지.

또한 자동차와 기차 같은 육상 교통과 여객선, 화물선과 같은 해상 교통을 연결하는 중요한 역할을 해. 우리나라가 항구를 개방한 이후 서울의 관문 역할을 해 온 인천항은 배의 크기와 화물의 종류에 따라 이용할 수 있는 부두가 8개나 돼.

비행기가 뜨고 내리는 공항

공항은 비행기가 뜨고 내리는 곳을 말해. 비행기의 속도가 빨라지고 크기도 커지면서 비행기를 타고 여행을 하거나 이동을 하는 사람들이 엄청나게 늘어났어. 덕분에 공항도 점점 커지고 그 수도 많아졌지. 그러면서 공항은 최첨단 장비와 편리한 시설을 갖춘 곳으로 발전하고 있어. 우리나라의 인천 국제 공항도 공항 시설뿐만 아니라 숙박 시설, 식당, 우체국, 각종 상점, 은행, 주차장 등 깨끗하고 편리한 시설을 다양하게 갖춘 초현대식 공항으로 널리 알려져 있지.

"어? 벌써 왔어? 내일이나 올 줄 알았는데."

현재와 그만이가 학교에서 돌아왔을 때, 아침에 지방에 내려갔던 대로가 벌써 집에 돌아와 있었다.

"응. 별 새로운 이야기가 없더라고. 그래서 그냥 일찍 왔어. 그나저나 우리 차 바꿔야 할 거 같아. 주말마다 지방으로 돌아다녀서 그런지 차 상태가 별로 안 좋네. 애가 나이를 너무 먹었나?"

대로의 말에 현재는 빙긋이 웃었다.

"나이는 내가 더 먹었지. 벌써 백 살하고도 열아홉이나 됐다고. 그래, 젊은이! 자네는 올해 몇인가?"

현재가 실실 웃으며 장난스럽게 물었다.

"아이고, 어르신 그러십니까? 저는 올해 겨우 백하고도 다섯 살밖에 안 되었습니다."

그때 갑자기 그만이가 끼어들었다.

"어머, 그럼 제가 가장 젊군요. 저는 이제 막 구십을 넘겼답니다. 나이가 많으셔서 힘드시겠어요."

그만이 말에 셋은 깔깔거리며 배를 잡고 웃었다. 처음에는 이런 상황이 낯설기만 했던 세 사람이지만 지금은 그리 심각하게 생각하지 않았다. 혼자만 가진 비밀도 아니고, 또 고민한다고 해서 해결될 일도 아니기 때문에 세 사람은 되도록 즐겁게 지내려고 했다.

"그래, 방학은 했어? 참, 어린이들! 성적표는 가지고 오셨나요?"

대로가 갑자기 어른스러운 말투로 물었다. 사실, 현재와 그만이의 보호자는 대로로 되어 있다. 1968년 주민등록법에 따라 새로운 주민등록증을 만들면서 대로는 자신을 그만이의 오빠이자 현재의 형으로 신고했다. 그렇게 하지 않고는 앞으로 살기 힘들 거라는 생각 때문이었다.

이 때문에 열한 살인 현재와 그만이는 지금 초등학교 4학년이다. 하지만 겨울 방학이 끝나면 늘 새로운 학교로 전학을 가야만 했다. 전혀 자라지 않는 현재와 그만이의 모습 때문에 의심을 받을 게 뻔하기 때문이다. 벌써 몇 번째 전학을 했는지 모른다. 물론 전학 서류를 가짜로 꾸미는 일이 조심스럽긴 했지만 아직까지 그 사실을 눈치챈 사람은 없었다. 그리고 열아홉 살로 신고한 대로는 운전면허를 따고 시간이 날 때마다

지방을 다니며 자신들과 같은 처지에 있는 사람들을 수소문 했다. 경부 고속 도로가 뚫리면서 전국이 하루 생활권이 되어 자동차만 있으면 어디든 돌아다니기 편했다.

철도와 도로, 교통과 통신의 발달은 세 사람의 생활에도 많은 영향을 끼쳤다. 처음 현재와 대로가 만났을 때는 대부분 걸어 다니며 사람들을 만나야 했지만, 지금은 자동차나 기차, 비행기 등을 이용하면 옛날에는 생각지도 못했던 짧은 시간 안에 사람들을 만날 수 있었다. 멀리 있는 사람들의 이야기도 텔레비전이나 라디오, 신문, 잡지 등을 통해 많이 접할 수 있게 되었다.

현재가 아이들을 보며 말했다.

"제주도에는 언제쯤 내려갈까? 부산에서 배 타고 가야 하고, 제주도에서도 며칠은 지내야 하니, 일정은 일주일은 잡아야 할 거 같은데?"

"말 나온 김에 내일이라도 바로 갔다 오는 게 어떨까?"

대로는 이렇게 말하며 현재와 그만이를 바라봤다.

얼마 전, 한 신문에 '나이를 먹지 않는 아이'라는 제목으로 작은 기사가 실렸는데 대로가 우연히 그 기사를 보게 되었다. 기사에 따르면 아홉 살 먹은 여전희라는 여자아이가 몇 년이 지나도록 자라지 않는데, 원인을 알 수 없는 이상한 병에 걸렸기 때문이라고 했다. 이 기사를 본 대부분의 사람들은 여자아이를 안타깝고 불쌍하게만 생각했다. 하지만 세 사람에게는 그 기사가 예사롭게 느껴지지 않았다. 그래서 현재와 그만이가 방학을 하면 셋이 함께 제주도에 가서 그 아이를 찾기로 한 것이다.

다음 날, 현재와 대로, 그만이는 고속버스를 타고 부산에 가서, 배를 타고 다시 제주도로 향했다. 부산에서 제주도까지 가는 긴 시간 동안 세 사람은 말도 없이 잠만 잤다. 하지만 멀미 때문에 깊이 잠들지 못했다. 새벽녘, 멀리 제주도가 보이기 시작할 무렵 세 사람은 잠에서 깨어 갑판 위로 나갔다.

"비행기를 탈 걸 그랬나? 너무 오래 걸려서 지루하지 않아?"

현재의 말에 대로는 고개를 가로저었다.

"아니, 우리가 언제 이렇게 큰 배를 타 보겠어. 이 배의 이름이 도라지호래. 생각보다 엄청 크지 않아? 이렇게 큰 배가 바다 위에 뜬다는 게 너무 신기해. 안 그래?"

대로가 옆에서 어깨를 축 늘어뜨리고 있는 그만이를 보며 물었다.

"몰라, 난 멀미 때문에 정신이 하나도 없어."

멀미 때문에 힘이 쫙 빠진 그만이는 손사래를 쳤다.

배가 제주에 도착하자 세 사람은 기사에 나온 대로 협재 해수욕장 근처로 가서 여전희라는 아이를 찾아보았다. 여름이라서 그런지 해수욕장에 놀러 온 사람들이 많았다. 하지만 여전희를 찾는 일은 생각보다 쉽지 않았다.

"글쎄, 며칠을 바닷가에 앉아서 바다만 바라보더니 어느 날부터인가 안 보이던데? 한 3일 정도 됐지?"

"아이고, 바다 나갔다가 빠져 죽었다고 하던데요?"

"아니야. 기사 나오고 부모가 찾아왔다던데?"

만나는 사람마다 하는 말이 다 달랐다. 확실한 것은 여전희가 이곳을 떠나고 없다는 사실뿐이었다. 세 사람은 허탈했다.

"뭘, 늘 그랬잖아. 그런 사람 있다고 해서 몇 날 며칠 걸려 찾아보면 다 아니었잖아. 실망하지 말자. 자, 제주도에는 처음 와 봤으니 그래도 맛있는 음식은 먹고 올라가야겠지?"

현재가 시무룩하게 고개를 숙이고 있는 대로와 그만이를 다독였다.

"그래. 뭐, 우리에게 남는 건 시간이니까. 맛있는 거나 먹자. 우리가 언제 제주도에 또 올지 모르잖아."

대로도 실망한 마음을 툭툭 털어 내는 듯했다. 하지만 말은 그렇게 하면서도 세 사람은 바다를 바라보며 한참을 앉아 있었다. 세 사람의 마음을 흔들던 작은 기대가 사라져 아쉽기 때문이었다.

그날 오후, 세 사람 모두 제주도에 더 머물고 싶지 않다는 데 뜻을 모으고 다시 배에 올랐다.

"다시 그 긴 시간 동안 배를 탈 생각을 하니 끔찍하다. 그만아! 멀미, 괜찮겠어?"

현재가 배 난간에 등을 기대며 그만이를 쳐다봤다. 하지만 그만이는 대답 없이 난간 저쪽에 혼자 서 있는 한 여자아이에게 쪼르르 달려갔다. 현재와 대로도 그만이를 따라 아이가 있는 쪽으로 발걸음을 옮겼다.

"너 몇 살이니? 부모님은 어디 계셔? 여기 혼자 있으면 위험해. 얼른 부모님 계신 곳으로 가!"

그만이는 여자아이가 걱정되어 말했지만 여자아이는 그만이의 말을 들은 척도 하지 않았다. 그러자 그만이가 다시 말했다.

"어린애들은 잘못하면 떨어질 수도 있단 말이야."

"무슨 상관이야! 너도 나처럼 어린애잖아."

여자아이가 신경질적으로 되받아쳤다. 대로가 한마디 하려고 앞으로 나섰지만, 현재가 고개를 가로저으며 대로를 막아섰다.

현재가 대로의 귀에 대고 속삭였다.

"속상한 일이 있나 봐. 혹시 모르니까 우리가 옆에서 지켜보자."

대로는 고개를 끄덕였다. 그만이도 더 이상 여자아이에게 말을 붙이지 않고 현재와 대로 쪽으로 걸어오며 말을 꺼냈다.

"오래 살다 보니 우리가 제주도를 다 왔다 가는구나. '먼 곳이 가까워질 때 너의 역사도 이어진다'라는 말이 이런 교통의 발달을 뜻하는 건 아닐까? 난 가끔 그런 생각이 드는데?"

그만이 말이 맞았다. 현재와 대로도 교통이나 통신의 발달이 주문의 뜻과 어떤 식으로든 이어져 있을 거라는 생각이 들었다.

"그렇지. 예전에 제주도는 유배나 오는 곳이었어. 이런 먼 곳까지 어떻게 놀러 올 생각을 했겠어. 내가 궁금한 것은 '너의 역사도 이어진다'라는 말이야."

배 소리와 파도 소리 때문인지 현재가 주변의 눈치를 살피며 조금 큰 목소리로 말했다.

"그건 먼 곳이 가까워질 때, 너도 나이를 먹는다는 뜻이야."

세 사람의 등 뒤에서 누군가의 목소리가 들렸다. 세 사람은 깜짝 놀라며 한꺼번에 뒤를 돌아봤다. 아까 그 여자아이였다.

"먼 곳이 가까워진다는 말의 뜻은 아직 확실하지 않지만, 너의 역사도 이어진다라는 말은 나이를 먹는다는 뜻이 틀림없어."

여자아이의 말에 세 사람은 입을 다물지 못했다. 아니, 뭐라고 대꾸해야 할지 생각조차 나지 않았다.

현재가 간신히 떨리는 목소리로 물었다.

"누, 누구세요? 혹시……"

"난 여전희야. 나이는 아홉 살. 하지만 진짜 나이는 쉰아홉 살이야."

"헉! 젊다. 아니지, 어리다고 해야 하나?"

전희의 말에 대로는 자신도 모르게 이렇게 대꾸했다. 뜬금없는 대로의 말이 우스운지 현재와 그만이가 킥킥거렸다.

"내가 어리다고? 그럼 너희는 도대체 몇 살인데?"

현재와 그만이와는 달리 전희의 얼굴은 굳어 있었다.

"나는 백열아홉 살이고, 여기 대로는 백다섯, 그만이는 아흔하나."

현재가 자신과 다른 아이들의 나이를 이야기하는 동안 전희의 눈은 점점 더 동그랗게 되었다.

"뭐? 뭐라고? 아니 뭐라고요? 아니 뭐라고?"

전희가 횡설수설하는 모습에 세 사람은 웃음이 났다. 자신들의 나이를 듣는 사람들은 늘 비슷한 반응을 보였다. 말도 안 된다며 손사래를 치고 자신들을 내쫓거나, 쯧쯧 혀를 차며 미친 아이 취급을 했다.

"존댓말은요. 우리는 그냥 서로 말 놨어요. 나이를 따진다는 것이 좀 그래서요. 그보다 우리 말이 무슨 뜻인지 확실히 아는 건가요?"

그렇게 말하는 현재도 존댓말을 했다. 게다가 놀란 가슴 때문인지 목소리까지 조금 떨렸다.

"알아요. 아니, 알아. 나도 너희와 마찬가지야. 너희 말에 나도 많이 놀랐어. 지난 50년 동안 내가 어떻게 된 건지 나 스스로도 잘 이해되지 않았거든. 한 가지 확실한 사실은 내가 늙지 않는다는 거야."

전희의 말에 갑자기 대로가 나서며 물었다.

"혹시 쓰러진 할머니를 구해 준 적 없어?"

전희는 대로를 뚫어지게 바라보더니 입을 열었다.

"역시 그 할머니 때문이 맞구나. 혹시 그럴지도 모른다는 생각을 했었어. 할머니를 만났을 때 나는 보통학교에 다녔는데, 언제부터인가 학교에서 한글 대신 일본어를 써야 했어. 그래서 어느 날 학교에서 배운 일본어를 집에 가서 썼다가 몹시 혼났지 뭐야. 그래서 울면서 집을 뛰쳐나왔어. 어린 마음에 일본어를 말할 수 있다고 자랑하고 싶었을 뿐인데."

세 사람은 그 마음을 이해할 수 있다는 듯 똑같이 고개를 끄덕였다.

현재도 일제 강점기 시절에 겪었던 일이 떠오르는지 대로를 쳐다보며 말했다.

"그래, 맞아. 그때 일본 순사들이 우리 조선 사람을 얼마나 괴롭혔나 몰라. 그래도 우리는 어리다고 조금 봐주는 형편이었지. 그래서 할머니는 어디서 만났는데?"

"집에서 나와 마을 가까이에 있던 냇가로 갔지. 어려서부터 여름이면 거기서 헤엄치며 놀았거든. 그런데 그날따라 아무도 없는 거야. 동네 애들이랑 놀다가 해가 지면 집에 가려고 했는데 말이야. 그래서 냇가 위쪽을 두리번거렸더니, 글쎄 어떤 사람이 몸의 반은 냇물에, 반은 뭍에 걸친 채 누워 있는 거야. 멀리서 봐도 정신을 잃은 것처럼 보였어. 헐레벌떡 뛰어갔더니, 한 할머니가 정신을 잃고 누워 있었지."

전희가 계속 이야기를 이어 갔지만, 그 뒤로는 다른 아이들이 겪은 일과 비슷했다. 할머니를 낑낑거리며 간신히 끌어 그늘진 곳에 눕히고, 물도 먹이고, 몸도 주물러 드렸더니 조금 뒤에 정신을 차렸다고 한다. 할머니가 떠나면서 풀을 주었고, 전희도 그 풀을 먹은 것이었다. 네 사람은 돌아오는 배 안에서 밤새도록 이야기를 나누었다. 현재는 전희에게 자신들과 함께 사는 것이 좋을 것 같다는 말을 넌지시 건넸다.

"고마워. 먼저 말해 줘서. 사실은 너희가 말하지 않으면 내가 부탁하려고 했어. 겉모습 때문에 혼자 사는 것도, 어디를 가는 것도 불편할 때가 많았거든."

전희의 말에 세 사람은 말없이 고개를 끄덕였다. 세 사람 모두 혼자 사는 일이 얼마나 힘든지 이미 알고 있었다.

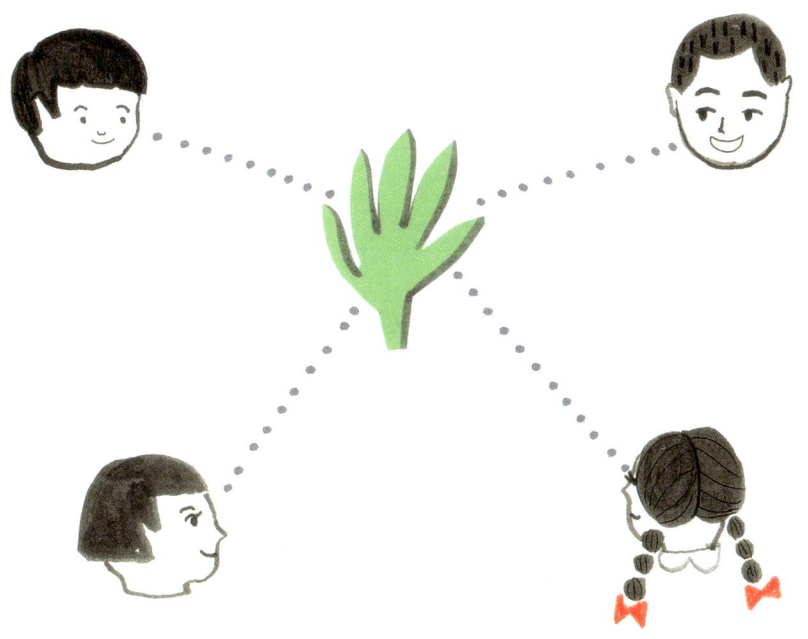

119살 현재가 들려주는 교통 이야기

배는 다른 교통수단에 비해 느리다는 단점이 있지만 화물을 한 번에 많이 나를 수 있고, 비용도 싸다는 장점 덕분에 전 세계 물자 수송의 절반을 차지할 정도로 중요한 운송 수단이야. 우리나라에서 배는 조선 시대까지 강 너머로 사람과 짐을 실어 나르는 중요한 교통수단이었어. 그래서 배가 드나드는 곳에는 나루터가 만들어지고, 나루터 근처에는 물건을 사고파는 장사꾼들이 모여들었지. 또한 배를 이용해 가까운 중국이나 일본과 무역을 하기도 하고, 사신들이 오가기도 했지.

가장 오래된 배, 뗏목

인류는 오랫동안 사람의 힘만으로 배를 움직였어. 처음에는 손으로 물을 젓다가 노를 발명하게 되었지. 뗏목은 가장 오래된 배 가운데 하나로, 길게 자른 통나무를 나란히 붙여서 나무줄기나 풀줄기로 엮어서 만들었어. 뗏목을 움직이는 데 필요한 도구는 기다란 막대뿐이었어. 뗏목을 물에 띄워 기다란 막대를 노처럼 저어서 앞으로 나아가기도 하고, 방향을 바꾸기도 했지. 우리 조상들도 선사 시대부터 통나무배나 뗏목을 탔어.

뗏목

바람의 힘으로 나아가는 돛단배, 범선

노를 젓던 사람들은 바람이 배를 밀어 주면 힘들이지 않고 앞으로 나아갈 수 있다는 사실을 깨달았어. 그래서 바람을 받아 배가 나아가도록 하는 천인 돛을 발명했어. 돛단배를 범선이라고 해. 처음에는 동물 가죽이나 갈대를 엮어서 돛을 만들었어. 천으로 짠 돛이 등장한

범선

것은 1851년 미국에서 경주용 요트에 천을 사용하면서부터야. 하지만 바람이 불지 않으면 돛은 쓸모가 없었어. 이후에 돛과 동력 기관을 함께 갖춘 배가 등장하는데 이런 범선을 기범선이라고 해.

기계의 힘으로 나아가는 배, 증기선

증기 기관의 발명은 배의 역사도 바꾸어 놓았어. 19세기 초가 되면서 배에도 증기 기관을 이용하기 시작했지. 최초의 증기선은 1802년 스코틀랜드에서 만들어진 샤롯 던데스 호야. 드디어 스스로 움직이는 배가 탄생한 거야. 이 배는 성능이 나빠서 몇 주밖에 운행하지 못했지만, 다른 증기선의 발전에 커다란 영향을 미쳤지. 증기선을 정기 항로에 처음 띄운 사람은 미국의 발명가 로버트 풀턴으로, 미국의 허드슨강에서 운행했어. 증기선의 문제는 속도가 느리고 매연도 심하다는 데 있어.

풀턴의 증기선

연료에 따라 다른 배의 이름

석탄으로 물을 끓여 그 힘으로 움직이는 증기선의 문제를 해결하기 위해 오늘날의 배는 경유나 벙커시유 등 석유를 원료로 해. 핵연료를 사용하여 증기를 만들고 그 힘으로 나아가는 원자력선도 있어. 이처럼 같은 증기선이지만 어떤 연료를 사용하느냐에 따라 배의 이름이 달라져. 증기 대신 고온 고압의 가스를 연료로 쓰는 가스 터빈선도 있어.

배는 쓰임새에 따라서도 구분할 수 있어. 사용 목적에 따라 크게 상선과 군함, 어선 및 특수선으로 구분해. 상선은 사람이나 화물을 운반하여 수입을 얻는 것을 목적으로 하는 배를 말해. 화물선, 화객선, 여객선 등이 여기에 포함돼. 어선은 고기잡이를 하는 배, 군함은 전투를 하기 위한 배를 말해. 우리나라의 배 만드는 기술은 세계적으로 인정받고 있어.

화물을 운반하는 화물선

화물선은 옮기는 물건의 종류에 따라 석유를 옮기는 유조선과 철광석이나 곡물 등을 옮기는 건화물선, 그리고 두 가지 화물을 같이 운송하는 겸용선으로 나뉘어. 유조선에는 원유를 운반하는 원유 운반선, LPG 등을 운반하는 LPG 운반선, 천연가스를 운반하는 LNG 운반선이 있어. 그리고 화물을 포장하지 않은 채 그대로 싣고 옮기는 화물선을 산적 화물선이라고 부르는데, 곡물이나 석탄, 광석을 옮길 때 주로 사용해. 마지막으로 커다란 컨테이너를 배의 갑판 위아래에 쌓아서 옮기는 컨테이너선도 있어.

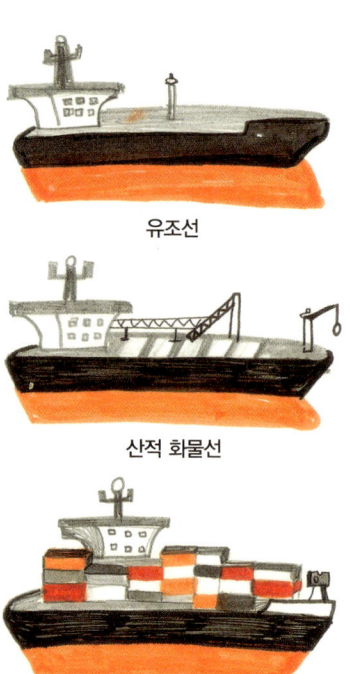

유조선

산적 화물선

컨테이너선

높은 수준의 조선 기술이 필요한 여객선

여객선에는 정해진 항로를 다니는 여객선과 일반 관광선이 있어. 여객선에는 사람들이 타기 때문에 안전과 편안한 분위기가 중요해. 그래서 여객선을 설계하고 만들 때는 높은 수준의 조선 기술이 필요하지. 일반적으로 사람과 작은 특수 화물이나 우편물만 수송하는 객선(보통 여객선이라고 하면 이 객선을 뜻해)과 사람과 화물을 함께 수송하는 화객선, 사람과 자동차를 함께 싣고 운항하는 카페리선이 있어.

카페리선   여객선

다양한 임무에 따라 크기가 다르게 만들어지는 군함

임무에 따라 크기가 달라지는 군함은 항구 또는 기지에 머물며 짧은 기간 동안 작전을 수행하는 소형함과 연안 경비나 호위를 위해 만들어지는 중형함, 바다에서 이루어지는 오랜 전투를 위해 만들어진 대형함으로 나뉘지. 소형함에는 연안 경비함과 고속정, 중형함에는 호위함과 초계함, 대형함에는 구축함, 순양함, 항공모함 등이 있어. 이 밖에도 상륙 작전을 시작하는 군함인 상륙함과 물에 설치하는 폭탄인 기뢰를 싣고 다니는 기뢰함, 전투함을 지원하기 위한 지원함도 있어. 그리고 바닷속에서 임무를 수행하는 잠수함도 빼놓을 수 없지.

항공모함   잠수함

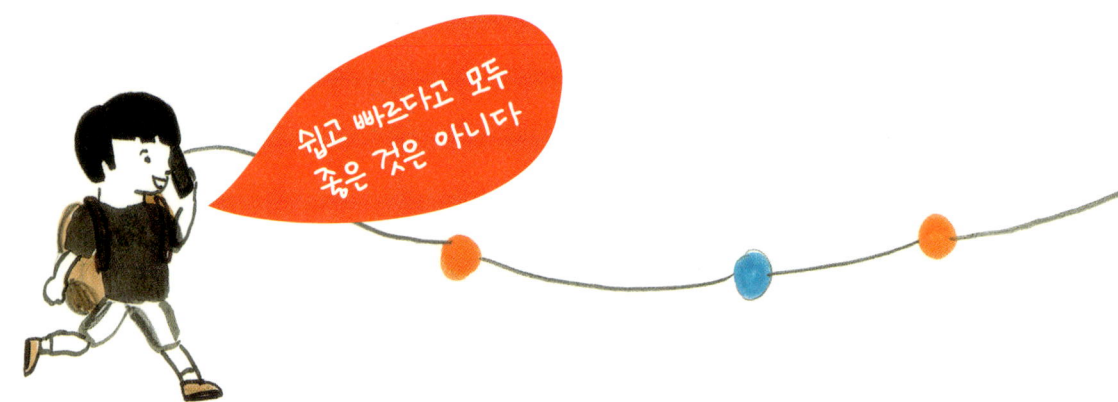

쉽고 빠르다고 모두 좋은 것은 아니다

"두두두두! 콰아앙!"

현재는 오늘도 온라인 게임을 하느라 정신이 없었다. 요즘 현재와 대로는 많은 시간을 게임을 하며 지낸다. 처음에는 낯설고 어려웠지만 시간이 지나면서 점점 온라인 세상에 재미를 느끼고, 흥미가 생겼다.

온라인 세상이 넓어지면서 네 사람의 움직임은 훨씬 편해졌다. 초등학생처럼 보이는 현재와 그만이는 이제 더 이상 학교를 다니지 않는다. 집에서 공부한다고 말해도 사람들이 아주 이상하게 생각하지는 않았다.

그만이와 시장에 다녀온 전희가 방문을 벌컥 열며 소리를 질렀다.

"야! 너희 또 게임하느라 청소 안 했지?"

전희는 시장에서 사 온 물건들을 정리하며 중얼거렸다.

"큰일이야, 큰일. 그래도 쟤들은 나이가 있으니까 인터넷에 그렇게 빠져 살지는 않지만 요즘 아이들은 아주 중독이더라. 음란물이나 폭력물도 많이 본다고 하더라고. 몸 건강에도 그렇고, 정신 건강에도 좋을 것 하나 없는데 말이지."

전희의 말에 그만이도 고개를 끄덕이며 한마디 거들었다.

"그러게. 인터넷 때문에 편한 것도 많지만 안 좋은 것도 많아. 특히 아이들한테는 말이야."

그만이가 방 쪽을 보며 다시 큰 소리로 외쳤다.

"어휴, 쟤들도 걱정이야. 대로야! 어서 나와. 이거 같이 정리해 줘야지. 키 때문에 힘들단 말이야."

그제야 대로가 컴퓨터를 끄며 말했다.

"그만하자. 전희 잔소리 또 시작했다. 쟤 건드려서 좋을 거 하나도 없잖아."

대로의 말에 현재가 빙긋 웃으며 고개를 끄덕였다.

현재와 대로가 함께 산 지는 벌써 100년이 넘었고, 마지막으로 식구가 된 전희와도 30년 넘게 같이 살았다. 그래서인지 이제 서로의 눈빛만 보아도, 숨소리만 들어도 무슨 생각을 하는지, 기분이 어떤지 쉽게 알 수 있었다. 그래도 현재와 대로는 가끔 여자인 전희와 그만이의 마음을 모를 때가 있다는 생각을 한다.

현재가 방 밖을 힐끗 보더니 대로에게 나지막한 목소리로 속삭였다.

"어떻게 그만이보다 전희가 더 노인네 같지 않냐? 내가 올해로 백오십 살인데 아직까지 잔소리를 들어야 하냐고."

"크크크. 그럼 어쩌냐? 몸집은 작아가지고, 어디서 그런 큰 목소리가 나오는지 모르겠어. 안 그러냐?"

대로의 말에 현재도 고개를 끄덕이며 숨죽여 웃었다.

"현재야! 로봇 학원 안 갈 거야? 시간 다 되었는데?"

그만이가 외치는 소리가 들렸다. 현재와 그만이는 일주일에 한 번 로봇 학원에 다닌다. 로봇에 대해 기본적인 내용을 배우고, 직접 로봇도 만들어 보는 곳이다. 한 달 뒤에 로봇 대회가 있기 때문에 이번 주부터는 월요일과 목요일, 두 번 가는 것을 깜박 잊었던 거다. 현재와 그만이는 학교에 다니지 않지만 다른 아이들도 만나고, 취미 생활도 하기 위해 정기적으로 이런 로봇 학원 같은 곳을 다닌다. 물론 일 년에 한 번씩 학원을 옮겨야 하는 불편은 있지만 말이다.

"아차차! 어서 가자. 이번 대회에는 꼭 순위 안에 들어야 하는데."

현재와 그만이가 서둘러 로봇 학원에 가자 이번에는 대로가 가방을 챙겨 들었다.

"나, 요리 학원에 갔다 올게. 이번 주부터는 실습이라서 학원에 직접 가야 해."

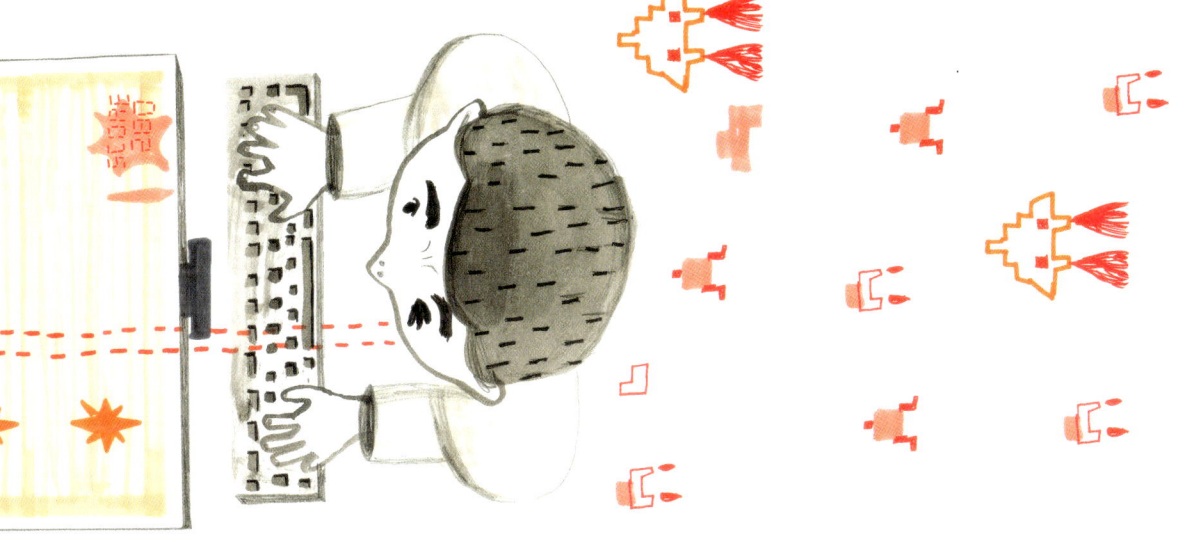

대로는 그동안 온라인을 통해 요리사 필기시험을 준비했다. 대로는 얼마 전에 양식 조리사와 한식 조리사 자격증을 땄다. 이번에 도전하는 시험은 중식 조리사이다. 그다음에는 복어 조리사에 도전할 생각이다.

"세상 진짜 편해지지 않았냐? 방송이나 인터넷을 통해 공부를 할 수 있다니. 게다가 많지는 않지만 이런저런 분야에 도전하는 어린이들이 꽤 있어서 내가 요리 공부하는 것을 이상하게 생각하는 사람이 없잖아. 그나저나 넌 뭐 할 거야?"

집에 혼자 있을 전희를 보며 대로가 물었다.

"나? 나야 뭐. 집안일 좀 해야지. 식기세척기랑 세탁기도 돌려 놓고, 새로 시작한 중국어 공부도 좀 하려고. 어제 중국어 교육 방송 못 봤잖아. 그것도 봐야 해. 시간이 좀 남으면 인터넷 검색 좀 하려고. 혹시 우리 같은 아이들이 또 있는지 좀 찾아봐야지."

전희의 말에 대로가 고개를 끄덕였다. 네 사람은 시간이 날 때마다 자신들과 같은 상황에 있는 사람들을 수소문했다. 하지만 30년 전 전희를 만난 뒤로는 더 이상 찾을 수가 없었다. 그래도 네 사람은 포기하거나 우울해하지 않았다. 네 사람이 함께 모여 살 수 있는 것만으로도 다행이라고 생각했다.

문을 나서는 대로에게 전희가 소리쳤다.

"참, 대로야! 생활비 통장으로 돈
좀 보내 줘. 이번 달 생활비
안 넣어 줬잖아."

"알았어. 학원
갔다 와서

인터넷 뱅킹으로 처리할게. 그나저나 이번 달 수익은 얼마나 되는지 모르겠네. 그것도 확인해야겠다."

대로는 네 사람의 생활비를 위해 주식을 했다. 이제는 직접 은행이나 증권 회사에 나가지 않고 인터넷으로 모두 처리할 수 있기 때문에 주식을 사고파는 일이 어렵지 않았다. 일찍 주식을 공부하여 시작한 대로 덕분에 네 사람은 생활비 걱정은 하지 않아도 될 정도였다.

"자, 오늘은 오스트레일리아 사이트를 검색해 봐야겠다. 두 시간만 검색하고 중국어 공부해야지."

세탁기와 식기세척기를 돌린 뒤, 컴퓨터 앞에 앉은 전희는 자신들과 같은 사람을 찾기 위해 인터넷 검색을 시작했다. 전희는 혹시 다른 나라에도 자신들과 같은 사람들이 있지 않을까 해서 외국어를 공부해 왔다. 언어에 관심이 많던 전희에게 외국어는 흥미로웠다. 그래서 영어, 일어, 프랑스어, 독일어에 이어 중국어를 공부 중이다. 다른 아이들에게도 마찬가지이지만 전희에게도 남는 것은 시간밖에 없었기 때문에 외국어를 공부하기는 더없이 좋았다.

전희가 인터넷 검색을 끝내고, 중국어 공부를 하고 있을 때쯤 아이들이 돌아왔다.

"오늘 저녁은 뭐 먹지? 맛있는 거 먹자."

역시 대로다. 대로는 먹는 것을 너무나 좋아한다.

"난 오래 사니까 맛있는 거 많이 먹어서 좋다. 옛날에는 이런 음식 꿈에도 생각 못 했잖아."

맛있는 음식을 먹을 때마다 대로가 하는 소리다.

"잠깐만. '오늘은 뭐 먹지' 사이트에 들어가서 검색해 볼게."

식사 준비를 거의 혼자 다 하는 그만이가 컴퓨터 앞에 앉으며 말했다. 새로운 음식을 배우고, 조리법을 검색해 아이들에게 해 주는 것을 좋아하는 그만이도 색다른 음식을 할 때마다 즐겁기는 마찬가지였다.

얼마 뒤, 네 아이들은 저녁을 먹기 위해 식탁에 둘러앉았다. 그만이는 아이들을 위해 월남쌈을 준비했다.

자신들 같은 아이들을 찾기 위해 인터넷 검색을 한 전희를 보며 대로가 물었다.

"오늘은 뭐 새로운 거 있었어?"

"아니, 아무것도 못 찾았어. 늘 그렇기는 하지만 이렇게 아무 정보도 못 찾을 때마다 약간 기운이 빠지는 거 같아."

전희가 시무룩한 목소리로 말하자, 아이들이 모두 전희를 쳐다봤다.

"별걱정을 다 한다. 어차피 시간이야 남는 거고. 지치거나 우울해지지만 않으면 언젠가는 분명히 알아낼 거야. 난 그렇게 생각해. 너희 생각은 어때?"

현재가 늘 그렇듯이 활기찬 목소리로 말했다. 아이들이 지치고 힘들어할 때마다 현재는 아이들을 다독이며 언젠가 자신들의 비밀이 풀릴 거라고 말했다.

대로가 다시 전희에게 물었다.

"그나저나 어제 그 사람이랑 오늘도 대화 나누었어?"

전희는 어제 우연히 '나이를 먹지 않는 사람 모여라!'라는 동호회를 발견하고 들어가 회원으로 가입했다. 그러고는 방장과 대화를 나누었는데, 그 사람도 나이를 먹지 않는다며 자신이 백아흔여덟 살이라고 했다고 한다.

"누구? 어제 그 사람이라니?"

현재가 대로와 전희를 번갈아 보며 물었다. 사실 전희는 어제 있었던 일을 대로에게만 말했다. 대로에게도 말하지 않으려고 했는데, 어느새 방에 들어온 대로가 대화하는 모습을 보는 바람에 할 수 없이 얘기해야 했다.

"확인하고, 확실하면 이야기하려고 했어. 괜히 기대했다가 실망하면 어떡해. 대로가 내 방에 들어와서 대화창을 보는 바람에 대로만 알고 있었던 거야. 숨기려고 한 건 아니야. 어쨌든 기분이 상했

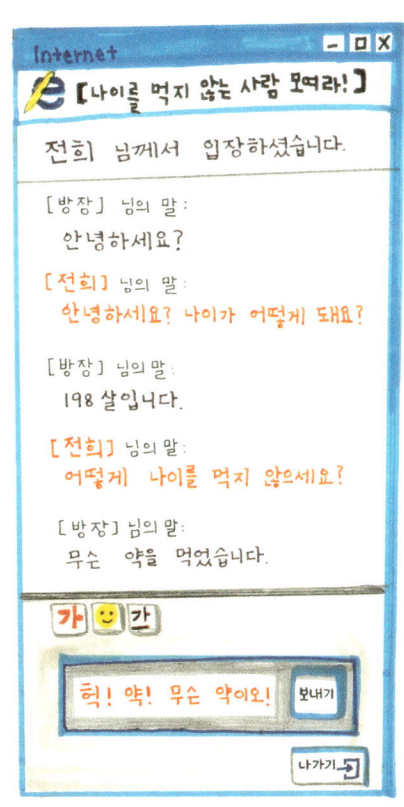

다면 미안해!"

전희는 미안한 듯 눈을 껌벅이며 현재와 그만이를 쳐다봤다.

현재가 고개를 가로저으며 말했다.

"그랬구나. 괜찮아. 나도 네 마음 알 것 같아. 그래서 어떻게 된 거야? 모두 말한 건 아니지?"

"그럼. 그냥 궁금한 듯 이것저것 물었지. 그랬더니 자기는 오래 살아서 외롭다는 둥, 자기 같은 사람을 두 명 정도 알고 있다는 둥 자기 어렸을 때는 기차나 전화 같은 거 없었다는 둥 하더라고. 그래서 왜 나이를 먹지 않느냐고 물었더니 무슨 약을 먹어서 그렇대."

"약?"

전희의 말에 아이들은 입을 맞춘 듯 한꺼번에 물었다.

"아! 깜짝이야. 그래, 약! 그래서 무슨 약이냐고 했지. 그랬더니 그건 아무한테도 가르쳐 줄 수 없다는 거야. 그래서 내가 오늘 다시 만나서 이야기하자고 했지. 그런데 동호회 까페에 들어가서 아무리 기다려도 들어오지 않아서 그냥 나왔어. 꼭 다시 이야기하고 싶다고 쪽지를 보내 놓았는데, 열어 보기만 하고 답은 없네."

아이들은 저마다 무슨 생각을 하는지 아무 말도 없었다.

"아무래도 그 사람 답 안 할 거 같다. 네가 자꾸 캐물으니까 도망간 거 같은데? 우리 기대하지 말자. 사실은 지난번에도 그런 사람 있었어. 얼굴을 보고 말하는 것이 아니니까, 그냥 대충 거짓말을 하는 거야. 지난 번 사람은 자기는 절대로 죽지 않는다고 하더라고. 그래서 이야기를 계속했더니, 사실은 어떤 영화에 그런 내용이 있었대. 아마 이번 사람도 거짓말한 거 같아."

현재의 말에 아이들은 저마다 고개를 끄덕였다. 아이들의 얼굴에는 실망한 빛이 가득했다.

"그런데 그만아! 이거 진짜 맛있다. 대로가 아니라 네가 조리사 자격증을 따야 하는 거 아니야?"

현재의 말에 대로가 발끈했다.

"뭐? 야, 나현재. 그렇게 말하는 거 아니다. 자격증은 아무나 따는 줄 아냐?"

이번에는 그만이가 콧방귀를 뀌며 말했다.

"어, 이대로! 아무나라니? 내가 아무나야? 쳇! 따면 따는 거지. 못 딸 거 있나."

네 아이들은 늘 티격태격 말꼬리를 잡으며 놀기 때문에 새삼스러운 일도 아니었다.

"너 이런 식이면 나 밥 안 한다."

그만이의 말에 대로는 아차 싶었다. 날마다 밥하는 것이 얼마나 귀찮고 신경 쓰이는 일인지 잘 알고 있기 때문이다.

"아닙니다. 무슨 말을 그렇게 서운하게 하십니까. 밥만 해 주십시오."

대로가 그만이를 향해 몇 번이고 몸을 굽실거렸다. 그 모습이 얼마나 웃긴지 네 아이들 모두 배를 잡고 웃었다. 덕분에 아이들은 우울했던 마음이 조금 풀리는 것 같았다.

150살 현재가 들려주는 통신 이야기

컴퓨터의 역사는 다른 통신 도구의 역사에 비하면 무척 짧은 편이지만 우리의 생활에 많은 영향을 주었어. 세계 최초의 컴퓨터는 1946년 미국 펜실베이니아 대학교에서 만든 에니악이야. 에니악은 지금의 컴퓨터와 비교할 수 없을 정도로 덩치가 컸어. 무게만 해도 30t이나 되었지.

놀라운 컴퓨터의 등장

에니악으로 시작된 컴퓨터의 발전은 한마디로 눈부실 정도야.

에니악

컴퓨터의 발전으로 달라진 점은 무엇보다 정보의 양이라고 할 수 있어. 컴퓨터가 나오기 이전에는 대부분의 정보를 책이나 잡지, 텔레비전과 라디오 등에서 얻다 보니 정보의 양이 한정될 수밖에 없었지. 하지만 컴퓨터의 발전으로 우리는 엄청난 양의 정보를 접할 수 있게 되었어.

정보 고속도로, 초고속 통신망

초고속 통신망이란 말 그대로 광케이블을 이용한 속도가 빠른 통신망으로, 정보를 보다 빠르게 전달해 줘. 초고속 통신망 덕분에 우리 생활은 무척 빨라지고 편리해졌어. 정보 검색은 물론이고 쇼핑, 은행 업무, 티켓 예약, 전자 투표 등 수없이 많은 일을 할 수 있지.

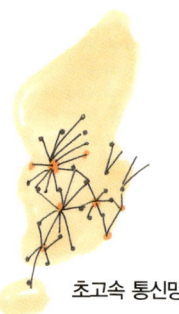
초고속 통신망

다양한 종류의 컴퓨터

오늘날의 컴퓨터는 최초의 컴퓨터와는 비교가 안 될 정도로 성능이 좋아졌어. 게다가 가지고 다니며 언제 어디서나 사용할 수도 있어. 이용하는 목적에 따라 종류도 무척 많아졌지. 마이크로프로세서를 이용한 마이크로 컴퓨터와 우리가 쓰는 개인용 컴퓨터는 소형 컴퓨터에 속해. 이 밖에 중형 컴퓨터와 대형 컴퓨터, 많은 양의 데이터를 빠르게 처리하는 슈퍼컴퓨터가 있지. 미래에는 지금보다 더 발달한 컴퓨터가 나타날 거야.

인터넷 세상이 반드시 좋은 것만은 아니다

인터넷이란 'inter-network'라는 말에서 비롯된 것으로, 전 세계의 컴퓨터가 연결되어 정보를 교환할 수 있는 통신망을 말해. 무척 편리한 일이지만 인터넷의 나쁜 영향도 무시할 수는 없어. 예를 들어 어린이들이 나쁜 정보의 영향을 받거나 게임 중독증에 걸릴 수도 있지. 또 개인 정보가 쉽게 노출되면서 사생활 침해를 받기도 해.

인터넷 예절(네티켓), 이것만은 지키자!

인터넷을 할 때는 10가지 네티켓을 꼭 지키도록 노력하자!
① 다른 사람의 인권과 사생활을 존중하며 보호한다.
② 건전한 정보를 제공하고 올바르게 사용한다.
③ 불건전한 정보를 물리치며 퍼뜨리지 않는다.
④ 다른 사람의 정보를 보호하며 자신의 정보도 철저히 관리한다.
⑤ 비속어나 욕설 사용을 자제하고 바른 언어를 사용한다.
⑥ 실명으로 활동하며 자신의 아이디로 한 행동에 책임을 진다.
⑦ 바이러스를 퍼뜨리거나 해킹 등 불법적인 행동을 하지 않는다.
⑧ 다른 사람의 지적 재산권을 보호하고 존중한다.
⑨ 사이버 공간에 대한 감시와 비판 활동에 적극 참여한다.
⑩ 누리꾼 윤리 강령 실천을 통해 건전한 누리꾼 문화를 만든다.

150살 현재가 들려주는 통신 이야기

옛날에는 정보를 얻거나 전달하기 위해서는 직접 찾아다니거나 전하는 방법밖에 없었어. 그러나 교통과 통신이 발달하면서 정보를 얻는 방법이 다양해지고 정보의 양도 많아졌어. 하지만 정보의 양이 많다고 반드시 좋은 것만은 아니야. 정보를 얻을 때에는 정보가 정확한지, 정보가 나온 곳은 어디인지 알아보고, 불필요한 정보는 보지 않는 것이 좋아. 그래야 꼭 필요한 정보만을 얻을 수 있어.

정보를 얻는 여러 가지 방법

교통이 발달하기 이전에는 대부분의 정보를 책이나 그림, 글, 주변 사람들의 이야기를 통해 얻었어. 그러다 신문, 라디오, 텔레비전, 책, 잡지, 인터넷 등 정보를 얻는 매체나 방법이 무척 다양해졌지. 그래서 원하는 정보를 쉽고 빠르게 얻을 수 있게 되었어.

교통과 통신의 발달이 가져온 정보화 시대

교통의 발달로 먼 곳까지 빠르고 쉽게 오갈 수 있게 되고, 통신의 발달로 소식을 빠르게 주고받을 수 있게 되면서 정보의 양이 점점 늘어났어. 넘쳐 나는 정보의 가장 큰 특징은 바로 끝없이 늘어난다는 사실이야. 정보는 한 번 사용하면 없어지는 것이 아니라 사용하면 할수록, 알면 알수록 새로운 사실이 발견되고, 더욱 창의적인 정보로 바뀌면서 더 많은 정보를 만들어 내지.

정보의 중요성과 가치

요즘 같은 정보화 시대에 정보의 중요성을 모르는 사람은 없을 거야. 새로운 정보는 미래를 슬기롭게 대비하게 하며, 생활을 편리하게 해 주지. 또 올바른 정보는 경제생활에 도움이 되기도 해. 예를 들어, 어떤 물건의 가격이 어느 곳이 더 싸고 좋은지 알면 편리할 거야. 물건을 만드는 기업에서는 어떤 물건이 잘 팔리고, 소비자들이 어떤 물건을 좋아하는지 안다면 더 좋은 서비스를 제공할 수 있겠지. 나아가 우리나라에 필요한 것이 무엇인지 아는 정부라면 국민이 더 안전하고 편리하게 생활할 수 있도록 노력하겠지. 올바른 정보는 이렇게 개인, 기업, 사회와 국가 발전에 커다란 힘이 돼. 또한 아무리 많은 정보라도 그것을 사용하는 사람에 따라 가치가 달라져. 똑같은 정보라도 때와 장소, 목적이나 시기에 따라 꼭 필요한 정보일 때도 있고, 불필요한 정보일 때도 있어.

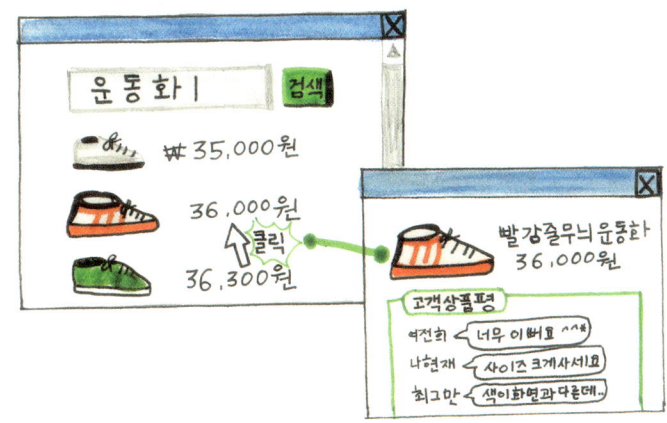

인터넷이 만물박사는 아니야

어떤 정보를 얻기 위해 인터넷을 이용하면, 수많은 정보들을 한꺼번에 얻을 수 있어. 하지만 이 정보들이 모두 좋은 정보인지 확실히 구별할 수는 없지. 인터넷을 통해 항상 가치 있는 정보를 찾을 수 있다고 믿지는 마. 정보를 평가하고, 활용하고, 체계화시키는 것은 모두 자신의 몫이라는 걸 잊지 말아야 해.

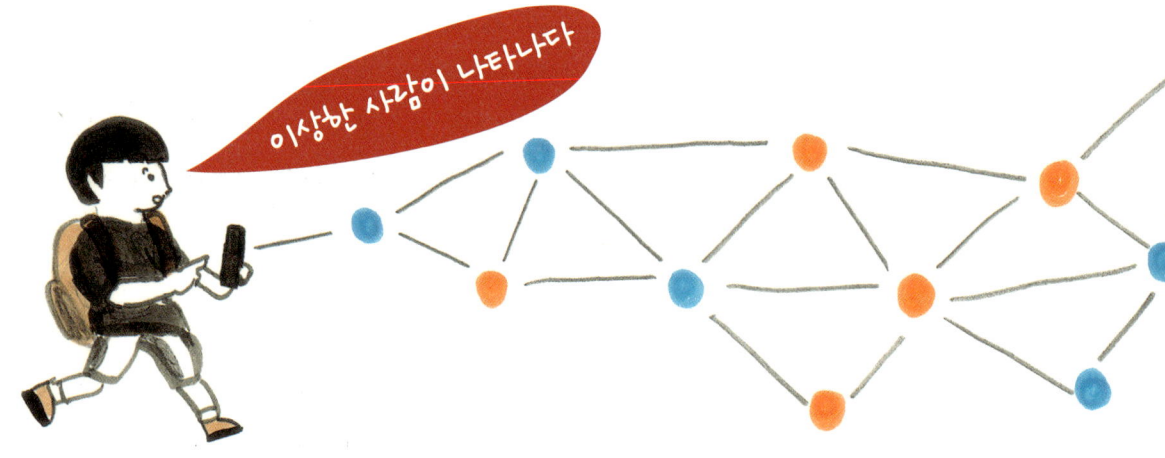

이상한 사감이 나타나다

"아이고, 이제 백일흔 살이 되니 팔, 다리, 어깨, 허리가 다 쑤시고 아프네. 아이고……."

아침에 기지개를 켜던 현재가 갑자기 팔다리를 주무르며 너스레를 떨었다.

"그러서? 그럴 거야. 백쉰여섯 살밖에 안 된 나도 비가 오기 전에 온몸이 다 아프니."

현재의 말을 대로가 맞받아치며 벌러덩 마루에 드러누웠다.

"야! 일어나. 오늘 운동 가기로 했잖아. 오늘은 한강 둔치로 가 보자! 자전거도 타고, 인라인스케이트도 타자. 응?"

그만이가 대로의 몸을 잡아 일으키며 계속 졸랐지만 대로는 꿈쩍도 하지 않았다.

"너희끼리 가. 귀찮아. 난 자전거도, 인라인스케이트도 관심 없다고."

전희가 대로를 째려보며 앙칼지게 말했다.

"야! 치사하다, 치사해. 너 아니면 우리 운전할 사람 없잖아. 뻔히 알면서 그러냐. 이럴 땐 백 살이 아니라 다섯 살도 안 된 아이 같다니까. 그

만아! 우리끼리 가자."

넷 중 운전을 할 수 있는 사람은 대로뿐이었다. 그래서인지 가끔 대로가 운전하기 싫다고 말할 때마다 다른 아이들은 기분이 나빴다.

"대로야, 그러지 말고 가자. 오늘 날씨 진짜 좋아. 응? 가자."

현재가 점퍼를 입으며 대로에게도 옷을 내밀었다.

"나 야구 경기 볼 거 있어. 가기 싫다고."

대로는 여전히 텔레비전 리모컨만 만지작거렸다.

"가면서 휴대 전화로 보면 되잖아. 운동하면서도 휴대 전화로 볼 수 있고. 어제는 간다고 해 놓고 지금 이러면 어떡해. 가자, 우리 오면서 불고기도 먹고 오자. 너 좋아하는 음식점에 가서. 응?"

불고기라는 말을 듣자 대로는 마지못한 척하며 몸을 움직였다. 그런 대로를 보는 그만이와 전희의 표정이 좋지 않았다. 현재는 그만이와 전희를 보며 눈을 끔뻑였다. 아무 말 말라는 표시였다.

네 사람은 차를 타고 가는 동안 누구도 말을 하지 않았다. 침묵을 깬 것은 그만이였다. 그만이는 어렸을 때부터 식구가 많은 집에 살아서인지

안 좋은 일이 있어도 쉽게 잊어버리는 편이었다.

그만이가 현재를 보며 말했다.

"아! 나 화장실 불 켜 놓고 나온 거 같아. 현재야, 휴대 전화로 홈 네트워킹 시스템에 들어가 불 좀 꺼 줘."

"알았어. 세상 참 편해졌지? 문도 저절로 잠기고, 가스나 전기도 집 밖에서 끄고 켤 수 있잖아. 게다가 전희야! 요즘은 요리하기도 훨씬 편하지? 냉장고 안에 있는 재료로 만들 수 있는 음식도 보여 주잖아."

현재가 아무 말 없이 창밖만 바라보던 전희에게 말을 걸었다.

"그렇지 뭐. 그보다 채소 같은 음식 재료를 버리지 않아서 좋아. 예전에는 냉장고 안에 두고 잊어버려서 버리는 경우가 가끔 있었거든."

전희의 대답에 아이들은 모두 고개를 끄덕였다. 현재가 이번에는 몸을 돌려 대로를 쳐다보았다.

"어? 사고 났나 보다. 길이 많이 막히네? GPS 켤까? 어느 길이 안 막히는지 알아봐?"

"놔둬. 여긴 늘 막히는 곳이야. 조금만 빠져나가면 괜찮아. 그나저나 너 요즘 개인 홈페이지 돌아다니는 거에 재미 붙인 거 같더라. 어젯밤에도 늦게까지 인터넷 하는 거 같던데?"

대로는 아직 기분이 풀리지 않았는지 퉁퉁거리며 말했다. 하지만 현재는 전혀 개의치 않았다.

"응. 요즘 애들은 블로그 같은 개인 웹 사이트에 자기 일을 많이 올리더라고. 개인적인 비밀은 물론, 자신이 겪은 일이나 생각도 솔직하게 올리는 거 같아. 옛날에는 꿈에도 생각하지 못한 일이었는데 말이야. 그래서 신문이나 잡지, 방송보다 더 빨리 정보를 아는 경우도 많아."

그만이와 전희도 현재의 말에 귀가 쫑긋했다.

"그건 그래. 어떨 때는 언론보다 더 정확하다니까. 그래도 너무 사생활을 파헤치는 건 좀 그렇더라. 난 옛날 사람이라 그런지 나에 대해 다른 사람들이 하나하나 다 아는 거 싫던데."

"난 한편으로는 재밌어. 요즘은 예전만큼 밖에서 다른 사람을 만날 기회가 훨씬 적잖아. 그러니 인터넷을 통해서라도 다른 사람들을 만날 수 있어서 좋아."

그만이와 전희가 한마디씩 했다. 그 말에 현재도 고개를 끄덕이며 살짝 눈웃음을 지었다.

"사실은 나도 블로그 하나 만들었어. 내 블로그 이름이 '먼 곳이 가까워질 때 너의 역사도 이어진다'야. 혹시 알아? 이름 보고 누군가 찾아올지도 모르잖아. 너희에게 먼저 물어봤어야 하는데 미안해."

현재는 이렇게 말하며 뒷머리를 긁적였다.

"아니야, 괜찮아. 잘했어. 그런데 찾아오는 사람이 있었어?"

차가 신호에 걸리자 대로는 현재에게 몸까지 돌리며 관심을 보였다.

"아직은 잘 몰라. 그런데 오늘 아침에 일어나 보니까 누군가 쪽지를 보냈더라고. 오늘 밤에 이야기를 좀 나누고 싶다고."

"그래서? 그래서 어떻게 했어? 답장 보냈어?"

현재의 말에 대로가 호들갑을 떨었다.

"왜 그래? 또 그냥 재미나 호기심으로 보냈을 텐데. 늘 그렇잖아."

전희는 대수롭지 않다는 듯 시큰둥한 말투였다.

"답장은 보냈어. 그런데 좀 이상한 것이 있어. 보낸 사람 닉네임이 특이해. 내용도 그렇지만."

"뭔데? 뭐가 특이해?"

대로는 운전을 하면서도 계속 관심을 보였다.

"닉네임이 할머니풀이야. 게다가 쪽지 내용에 나이가 몇이냐고 묻더라고. 이상하지 않아?"

현재의 말에 세 아이들의 눈이 동그래졌다. 모두 이상한 느낌이 들기는 매한가지였다.

"뭐? 할머니풀?"

"왜 할머니풀일까?"

"닉네임도 그렇지만 처음 쪽지를 보내는 사람이 나이를 묻는 것도 이상해."

세 아이들이 저마다 한마디씩 했다. 그러고는 누구도 입을 열지 않았다. 운동을 하고 점심을 먹고, 집으로 돌아와서도 네 아이들은 말이 없었다. 그저 어서 밤이 되기만을 바랄 뿐이었다.

약속된 시간이 되자, 네 아이들은 모두 대화방으로 들어갔다. 하지만 할머니풀이라는 사람은 약속 시간이 되어도 들어오지 않았다.

"그냥 나가자."

대로가 더 이상 기다리지 못하고 말했다. 그러자 전희도 그만하자며 대로의 말을 거들었다.

하지만 현재는 포기하고 싶지 않은 듯 아이들을 설득했다.

"조금만 더 기다리자. 겨우 30분밖에 안 지났어. 우린 100년이 넘는 시간도 기다렸는데, 이 정도는 아무것도 아니잖아."

"그래, 조금만 더 기다리자."

현재의 말에 그만이도 맞장구를 쳤다. 그때였다. 갑자기 대화창에 '할머니풀'이라는 닉네임이 떴다.

"왔어!"

대로의 큰 소리에 아이들은 컴퓨터 화면을 뚫어져라 쳐다봤다. 하지만 '할머니풀'은 아무 말이 없었다. 그렇게 한참을 있다가 현재에게만 쪽지가 떴다.

다른 아이들이 있어 그냥 나가야겠다. 다른 아이들이 우리 이야기를 보면 안 된다.

"애들아! '할머니풀'님이 나한테 쪽지를 보냈어."
아이들은 우르르 현재에게 달려왔다.
현재는 어떻게 대답해야 할까 잠시 망설이다 재빨리 답장을 보냈다.

나와 같은 아이들이에요. 이 아이들도 우리 이야기를 들어야 해요.

현재는 답장을 보내 놓고 다시 숨죽여 기다렸다. 다행히 '할머니풀'이라는 사람이 이야기를 시작했다.

할머니풀 여기 들어온 아이들이 모두 너와 같다고?
나현재 네.
할머니풀 그렇구나. 내가 누군지 기억하느냐? 넌 날 언제 어디서 만난 애냐?
나현재 네. 1862년 충청도 쪽에서 민란이 일어나기 전날, 산속에서 만났어요.
할머니풀 그래. 그 아이로구나. 그럼, 너와 같이 있는 아이들은?

"진짜인가 봐! 진짜 그 할머니인가 봐."
화면을 보던 전희가 호들갑을 떨었다. 대로와 그만이는 컴퓨터 화면을 바라보다 소름이 돋았다.
현재가 큰 소리로 물었다.
"어떡해? 그냥 다 말해 버릴까?"

"응!"

아이들이 기다렸다는 듯이 모두 한꺼번에 외쳤다.

나현재 저랑 같이 있는 아이들도 때와 장소는 다르지만 모두 할머니가 준 풀을 먹었어요.

할머니풀 네 명이 모두 아는 사이니?

나현재 네. 우리는 같이 살아요.

할머니풀 같이 산다고? 용케도 서로를 만났구나. 언젠가 신문을 보고 제주도를 찾아간 적이 있었는데, 이미 여자아이는 떠나고 없더구나.

나현재 그 아이도 여기 있어요.

할머니풀 다행이다. 모두 모여 있으니. 우리 만나야 되지 않겠니?

나현재 그보다 왜 우리에게 이런 일이 일어난 거죠?

할머니풀 그건 만나서 모두 이야기해 주마.

나현재 아이들에게 물어보고, 쪽지를 보낼게요.

할머니풀 그래. 기다리고 있으마.

대화를 끝낸 현재와 아이들은 모두 식탁에 모여 앉았다.

"어떻게 할까? 할머니를 만나야겠지?"

현재의 말에 그만이와 전희는 고개를 끄덕였다. 왠지 대로는 찬성하지 않는 느낌이었다.

그만이가 대로를 보고 물었다.

"왜? 넌 싫어?"

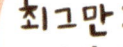

대로는 길게 한숨을 내쉬더니 대답했다.

"싫은 게 아니라 사실은 난 이렇게 나이를 먹지 않고 사는 것도 좋아. 많은 경험을 할 수 있잖아. 그런데 할머니를 만나면 다시 나이를 먹게 되는 거 아니야?"

사실이 그랬다. 대로는 열아홉이라는 나이가 좋았다. 다른 아이들처럼 어린아이의 모습이 아니기 때문인지 그토록 오래 살면서도 크게 불편함을 느끼지 않았다. 하지만 현재, 그만이, 전희는 달랐다. 어린아이의 모습 때문에 늘 꼬마 취급을 받을 수밖에 없었다. 그만큼 억울하거나 불편한 일도 많았다. 그렇게 네 아이들은 밤이 깊도록 할머니를 만나야 할지 말아야 할지 의논했지만 쉽사리 결론을 내리지 못했다.

170살 현재가 들려주는 통신 이야기

세계 곳곳에 있는 사람들과 이야기를 나누고, 아주 먼 나라에서 벌어지는 일을 마치 우리나라에서 일어나는 일처럼 바로바로 들을 수 있는 것은 통신 위성 덕분이야. 통신 위성이란 지구 한쪽에서 보내는 신호를 받아 다시 다른 곳으로 돌려보내는 역할을 하는 인공위성을 말해. 우리나라의 통신 위성인 무궁화 위성은 1995년 8월 5일 1호가 발사된 뒤 현재 7호까지 발사되었어.

언제 어디서나 유비쿼터스

유비쿼터스(Ubiquitous)란 라틴어 'ubique'를 어원으로 하는 형용사로 '언제 어디서나 동시에 존재하는'이라는 뜻이야. 시간과 장소에 상관없이 자유롭게 네트워크에 접속하여 다양한 정보 통신 서비스를 활용할 수 있는 통신 환경을 말하지. 유비쿼터스의 가장 큰 장점은 시간과 공간의 제약이 없다는 점이야. 유비쿼터스 시스템 하나면 가정의 모든 가전제품을 자유롭게 통제할 수 있고, 자신이 원하는 곳이면 어디서든 네트워크에 접속하여 정보를 얻을 수 있단다.

자신의 위치를 알려 주는 위성 항법 장치(GPS)

위성 항법 장치(GPS)는 인공위성을 이용하여 세계 어디에서나 자신의 위치를 알려 주는 시스템을 말해. 자동차에 설치하여 가고 싶은 곳을 안내해 주는 내비게이션도 위성 항법 장치를 이용한 거야. 차량용 내비게이션뿐만 아니라 휴대 전화에 내비게이션 앱만 있어도 길 안내는 물론 실시간 교통량을 분석해 가장 빠른 길을 알아낼 수도 있어. 뿐만 아니라 GPS를 활용한 프로그램을 통해 나의 위치 정보를 기본으로 주변 정보의 검색도 가능해. 내가 있는 곳에서 가장 가까운 지하철역이나, 버스 정류장 같은 교통 정보도 확인할 수 있고, 가까운 음식점이나 영화관, 도서관 등 각종 생활 편의 시설들을 쉽고 빠르게 찾을 수 있지.

새로운 사회적 관계를 만들어 가는 소셜 네트워크 서비스

소셜 네트워크 서비스란 인터넷에서 사람들끼리의 사회적 관계를 만들어 주는 서비스야. 웹상에서 친구나 선후배끼리의 관계를 더욱 돈독히 한다거나, 새로운 사람과 만나 더욱 폭넓은 인간관계를 만들 수 있도록 도와주지. SNS(Social Network Service)라고도 말해. 인터넷에서 개인 정보를 함께 나누기도 하고, 의사소통도 도와주기 때문에 1인 미디어 또는 1인 커뮤니티라고도 할 수 있어. 대표적인 소셜 네트워크 서비스로는 인스타그램, 트위터, 페이스북 등이 있지.

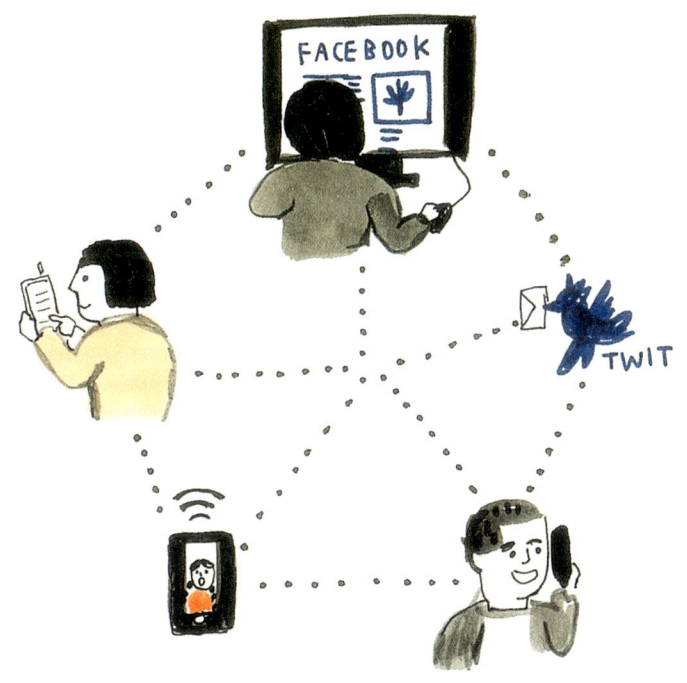

170살 현재가 들려주는
통신 이야기

사물 인터넷이란 인터넷을 기반으로 모든 사물을 연결하여 정보를 서로 소통하는 지능형 기술 및 서비스를 말해. 가정 자동화란 바로 사물 인터넷을 활용해서 집 안에 있는 가전제품이나 전열 기구, 창문이나 현관까지 모든 집기들을 집 밖에서도 원격으로 작동할 수 있게 해 주는 시스템이지. 가정 자동화 시스템은 크게 가전제품, 조명 기기, 전열 기구 등을 전화로 끄고 켤 수 있는 원격 제어 기능과, 가스 누출, 화재, 외부의 침입 등에 경고음을 알려 주는 자동 감지 기능, 현관이나 대문의 상황을 보여 주는 비디오 전화 기능으로 나뉘어. 컴퓨터와 초고속 통신망의 보급으로 가정 자동화의 기능은 더욱 확장되고 있어.

컴퓨터가 살아 있는 집, 가정 자동화

- 깜박 잊고 화장실 불을 켜 놓고 나왔다면 전화로 불을 끄면 돼.
- 청소할 때는 로봇 청소기를 이용해.
- 추운 날, 또는 더운 날, 집에 들어가기 전 원격 제어 기능을 통해 보일러나 에어컨을 틀 수 있어.
- 공과금 납부, 예금 내역 조회, 자금 이체, 타행 송금 등 금융 업무를 처리하고, 실시간 주식 거래도 가능하지.
- 백화점이나 시장에 나가지 않고 필요한 물품을 주문하고 결제를 하면, 원하는 시간에 배달까지 오지.
- 주말에 볼 영화나 경기 티켓을 예매하고, 날씨도 알아봐.
- 냉장고 문의 화면은 남아 있는 음식의 재료와 그 재료를 가지고 할 수 있는 요리의 조리법을 보여 줘.
- 키 높이에 맞추어 싱크대의 높낮이가 조절돼.
- 디지털 액자로 기분에 따라 그림을 바꿔서 봐.
- 집에 없을 때 갑자기 비가 내리면 명령을 통해 열린 창문을 닫으면 돼.

시간은 흘러가고, 역사는 이어지니까

"잘 잤어?"

잠에서 깬 현재가 방에서 나왔을 때, 그만이가 식탁에 앉아 있었다.

"아니. 한숨도 못 잤어. 잠이 안 오더라고."

잠을 못 잔 것은 현재도 마찬가지였다.

"나도 그랬어. 새벽에 이야기 끝내고 쪽지 보내고 나니까 잠이 안 오더라고. 아직 답장은 안 왔어."

현재는 그만이가 건네주는 우유 한 잔을 받아 들었다.

"편한 시간과 장소를 이야기해 달라고 했어."

현재가 길게 하품을 하며 말하자 그만이는 고개를 끄덕였다. 조금 뒤, 대로와 전희도 방에서 나왔다. 대로와 전희도 잠을 제대로 못 잤는지 낯빛이 까칠했다.

"만나기로 했어?"

현재의 얼굴을 보자마자 대로가 물었다. 현재는 아무 말 없이 그저 도리질만 했다. 네 아이들은 저마다의 생각에 빠져 아침도 먹는 둥 마는 둥했다.

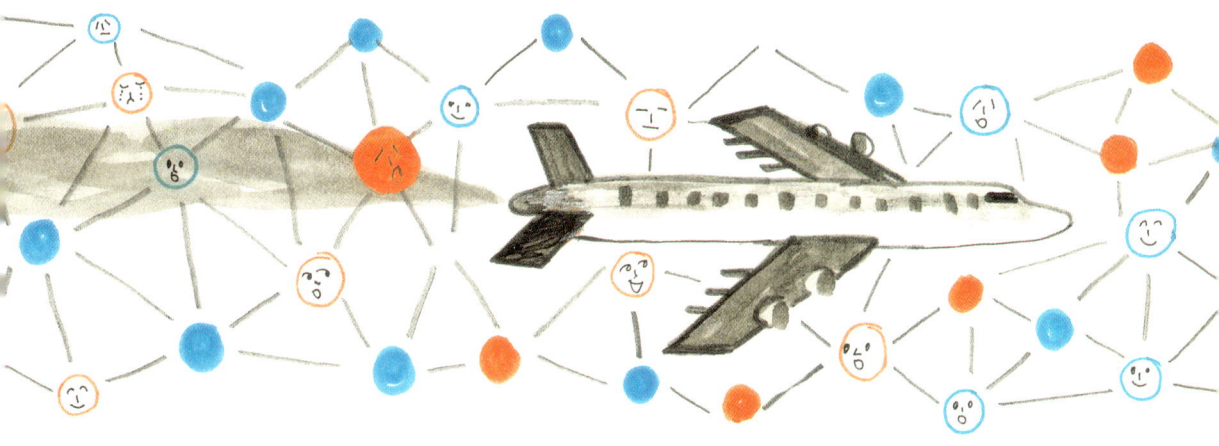

아침을 먹고 자기 방으로 들어갔던 현재가 벌컥 문을 열며 나왔다.

"왔어! 애들아, 답장 왔어. 부산에서 만나기로 했어. 되도록 빨리 보자고 해서 바로 간다고 했어. 너희 다 갈 거지? 지금이 8시 30분이니까, 인터넷으로 KTX 예약하고 바로 출발하면 부산에 12시쯤이면 도착할 수 있어."

현재의 말에 아이들은 서둘러 부산 갈 준비를 했다. 준비라고 해 봐야 옷을 갖춰 입는 정도였다.

"대단해. 서울에서 아침 먹고, 부산에서 점심을 먹을 수 있다는 사실이 난 아직도 믿겨지지 않아."

KTX에 타서 자리를 잡고 앉은 대로의 첫 마디였다.

"그건 나도 그래. 그뿐이야? 비행기를 타면 아침은 도쿄, 점심은 서울, 저녁은 베이징에서도 먹을 수 있다니까."

그만이가 대로의 말을 거들었다.

"어제 인터넷 신문 보니까 앞으로는 초고속 비행기의 등장으로 전 세계가 1일 생활권 안에 들어온다잖아. '먼 곳이 가까워진다'라는 말은

교통, 통신의 발달을 뜻하는 것이 틀림없어."

대로와 그만이의 말을 듣던 현재가 낮은 목소리로 말했다. 다른 아이들도 고개를 끄덕였다.

부산까지 가는 데는 세 시간이 채 걸리지 않았다. 부산역에 도착하자마자 현재는 만나기로 한 사람에게 전화를 걸었다.

"역 건너편에 있는 레스토랑으로 오래. 다른 곳보다는 편할 것 같다고.

얼른 가자!"

현재의 말에 아이들은 함께 길 건너 레스토랑으로 들어갔다. 레스토랑으로 들어가던 대로가 물었다.

"어떻게 생겼는지 알아? 왜 화상 전화 안 했어? 그러면 알아보기 훨씬 편했을 텐데."

현재가 고개를 가로저으며 말했다.

"아니. 들어가 보면 알겠지. 그냥 난 아직 전화로 얼굴 보고 말하는 게 쑥스럽더라고. 그것도 처음 만나는 사람을."

그 말이 맞았다. 아이들은 누가 먼저랄 것도 없이 만나기로 한 사람을 한눈에 알아보았다. 옷차림도 머리 모양도 바뀌었지만, 마른 몸에 작은 키 그리고 깊고 검은 눈을 가진 바로 그 할머니였다. 네 아이들의 도움을 받은 뒤 풀을 먹게 하고, 이상한 말을 하고 사라진 바로 그 할머니였다. 할머니도 아이들을 알아보았는지 아이들 쪽을 바라보며 천천히 자리에서 일어났다. 네 아이들은 마법에라도 걸린 듯 한 발자국도 나가지 못하고 얼어붙었다.

"얘, 얘들아! 가자. 뭐 해? 왜 안 가고 있어?"

늘 차분하고 침착했던 현재까지 말을 더듬을 정도였다. 그렇게 말하면서도 자신도 움직이지 못했다.

"예약하셨나요?"

레스토랑 직원이 다가와서 말을 거는 바람에 아이들은 그제야 정신을 차렸다.

"아, 네. 아니요. 아니요. 저기, 저 자리예요."

네 아이들은 간신히 발걸음을 떼어 할머니가 있는 자리로 천천히 걸어갔다. 자리에 앉은 아이들은 한동안 아무 말이 없었다. 대로는 창밖을 쳐다보며 발을 흔들었고, 그만이와 전희는 고개를 숙인 채 손만 만지작거렸다. 현재도 자신의 눈앞에 펼쳐진 상황이 믿기지 않는지 물끄러미 할머니의 얼굴만 쳐다봤다. 침묵을 깬 것은 할머니였다. 천천히 네 아이들의 얼굴을 하나하나 살펴보던 할머니는 몇 번 고개를 천천히 끄덕이더니 말을 시작했다.

　"용케 네 사람이 모두 모여 사는구나. 너희를 만나고 싶었다. 아마도 내가 누구인지, 너희에게 어떤 일이 일어난 것인지 무척 궁금할 거라고 생각한다. 이제부터 너희가 궁금해하는 모든 것을 말해 주마. 하지만 그보다 배고프지 않니? 밥 먹으면서 이야기하기로 하자."

　할머니 말과는 달리 네 아이들은 전혀 배고픈 느낌이 들지 않았다. 그래도 점심시간에 자리를 차지하고 앉았으니 주문은 해야 했다. 주문을 하고 음식이 나올 때까지 다시 침묵이 이어졌다.

　음식에 손도 대지 못하고 바라보던 현재가 조심스럽게 할머니에게 질문을 던졌다.

　"우리가 주문에 걸린 건가요?"

　"그래. 너희는 내가 건 주문에 걸렸단다."

　할머니 말에 대로는 왜 그런 주문을 걸었느냐고 따지고 싶어 얼굴이 붉으락푸르락했다. 하지만 그런 대로의 마음을 눈치챘는지 그만이가 살며시 대로의 손을 잡았다. 그러고는 눈을 지그시 감고 고개를 천천히 가로저었다. 화내지 말라는 뜻이었다.

"나도 너희처럼 나이를 먹지 않는단다. 물론 내가 한 선택은 아니었어. 1852년, 그러니까 너를 만나기 10년 전에 내 나이는 쉰아홉이었다."

할머니는 현재를 한 번 바라보고는 말을 이었다.

"그때 나는, 아들과 며느리가 사고로 죽고 손자를 내 손으로 키워야 했지. 하지만 어린 손자를 혼자 키우는 일은 그리 만만치 않았어. 게다가 내가 죽으면 그 아이가 혼자 어떻게 살아갈지 걱정이 되어 하루도 편할 날이 없었지. 그 아이가 혼자 제 몫을 할 때까지만 사는 것이 내 소원이었다. 그러다 어느 날, 먹을 것이 없어 산에 나물을 하러 갔다가 우연히 풀 한 포기를 먹고 이렇게 되었단다. 처음에는 그 풀이 특별한 것인지 몰랐는데, 몇 년이 지나도 내가 더 이상 늙지 않는다는 것을 알고 간신히 기억해 냈지."

네 아이들은 아무 말 없이 할머니의 입만 쳐다보았다. 누구도 할머니의 말을 막고 싶지 않았다.

"그런데 먹을 수 있는 풀인지 아닌지 보려고 맛만 보았기 때문인지 한 십여 년이 지나니까 조금씩 늙어 가더구나. 그때 손자가 열한 살이었어. 그래서 한 번만 그 풀을 더 먹으면 충분히 손자를 키울 수 있을 것 같아 풀을 찾으러 산으로 갔단다. 혹시 처음 그 자리로 가면 다시 그 풀을 볼 수 있을지 모른다는 기대를 갖고. 산에 가 보니 십여 년 전과 많이 달라졌더구나. 산속에 없던 길도 생기고. 그 때문에 시간이 걸렸는데, 그러다 그만 기력이 다해 쓰러지고 말았단다. 쓰러진 뒤에 보니 그제야 그 풀이 내 눈에 보이더구나. 그때 네가 나타난 거야."

할머니는 다시 한번 현재를 보더니 긴 말에 목이 타는지 물 한 잔을

다 마셨다.

"너희는 어릴 때 풀을 먹었기 때문에 지금까지 계속 살 수 있었지만, 난 너무 나이가 든 상태에 먹어서인지 자꾸 늙어 가서 그 뒤에도 몇 번을 먹었단다. 그러다 네 도움을 받고 난 뒤에는 지금까지 한 번도 먹지 않았단다."

이번에는 할머니가 전희를 바라보며 말을 이었다.

"난 무조건 죽지 않고 사는 것이 더 좋다고 생각했다. 그래서 날 도와

준 너희에게 혜택을 준다고 믿었지. 하지만 내 생각이 틀렸다는 걸 뒤늦게 깨달았단다. 내가 지금까지 살면서 느낀 것은 삶과 죽음은 선택의 문제가 아니라는 사실이야. 태어나고 죽는 것은 오로지 받아들여야 하는 일이지. 그리고 나 자신과 내 주변의 사람들을 위해 어떻게 살아야 하는지를 고민해야 한다는 사실을 알았단다. 자, 여기 풀이 있다. 내가 지금까지 우리나라 산을 모두 뒤져서 찾아낸 거란다. 내가 발견한 거 전부지. 너희에게는 아직 시간이 멈춰 있지만, 언젠가는 시간이 흘러가는 날이 올 거다. 그때, 이 풀을 먹으면 지금처럼 계속 늙지 않고 살 수 있을 거다. 그리고 먹지 않으면 너희에게 멈췄던 역사가 다시 이어질 거야. 어쨌든 이런 일을 겪게 해서 미안하구나."

할머니는 한숨을 쉬며 가방에서 풀을 꺼내 탁자 위에 올려놓았다.

"그렇다면 할머니는 언젠가 우리가 다시 만날 것을 아셨다는 건가요? '먼 곳이 가까워질 때 너의 역사도 이어진다'라는 말은 교통과 통신의 발달로 멀리 떨어진 사람을 빨리 만날 수 있거나, 먼 곳을 더 빨리 갈 수 있을 때 우리 삶의 시간도 흘러간다는 말씀이었나요?"

차분히 앉아 할머니의 이야기를 듣던 현재도 더 이상 기다릴 수 없었는지 빠르게 말을 내뱉었다.

"아니, 그건 아니었단다. 내가 말한 먼 곳이란 나를 말한 거였어. 내가 가까워지면, 즉 나를 다시 만나면 네 삶, 바로 네 역사가 이어진다는 뜻이었어. 그때는 교통이 편리하지 않았기 때문에 나를 만나는 일이 그리 쉽지 않을 거라고 생각했거든. 하지만 네 말처럼 교통, 통신이 발달하면서 우리가 이렇게 다시 만나게 되었으니 그 의미가 전혀 아니라고는 볼 수 없겠구나."

할머니가 말하는 사이 전희는 손을 뻗어 탁자 위에 있던 풀을 집어 들었다.

"이 풀을 먹으면 우리는 지금처럼 살게 되고, 먹지 않으면 언젠가는 나이를 먹고 죽게 되는 건가요?"

전희의 말에 아이들은 다시 침묵 속으로 빠져들었다.

"그래. 이제 와 이렇게 말하는 것이 무책임하게 들리겠지만, 이건 오로지 너희의 선택이란다."

그렇게 네 아이들은 할머니와 이야기를 끝냈다. 할머니는 아이들과 헤어지면서 언제든 자신이 필요하면 연락하라는 말을 남겼다. 당분간 죽을 때까지 부산을 떠나지 않을 거라는 말과 함께. 그리고 풀은 아이들의 손에 남겨졌다.

집으로 돌아온 아이들은 앞으로 어떻게 할 것인지 서로 이야기를 나누지 않았다. 네 아이들 모두 이 문제는 자신이 결정할 문제이지 누가 뭐라고 할 수 있는 일이 아니라고 생각했기 때문이다. 다만 풀을 먹든, 안 먹든 지금처럼 넷이 함께 지내는 일은 변함이 없을 거라는 사실에만 마음을 모았다.

부산을 다녀온 지 정확히 일주일이 되는 날 아침, 현재가 드디어 이야기를 꺼냈다.

"다들 결정했어? 어떻게 하기로 한 거야?"

"너는? 너는 결정했어?"

현재의 말에 그만이가 되물었다. 현재는 잠시 생각을 하더니 천천히,

아주 천천히 고개를 끄덕였다. 세 아이들의 눈길이 현재에게 쏠렸다.

"난, 난 풀을 먹지 않으려고. 170년을 살면서 난 늘 생각했어. 있는 그대로, 자연 그대로 사는 것이 가장 올바른 길이라고. 그래서 다시 나이를 먹게 된다면 진짜 좋을 거라고."

현재는 한 마디, 한 마디에 또박또박 힘을 주며 말했다.

전희가 물었다.

"하지만 아쉽지 않아? 더 많은 것을 누리고, 더 발전된 세상을 보고, 더 편하고 좋은 삶을 살 수 있잖아."

"분명 시간이 지나면 더 편하고 발전된 세상이 되겠지. 하지만 난 지금도 만족해. 충분히 발전된 세상을 경험했어. 내가 진짜 열한 살이었을 때와 비교하면 눈이 휘둥그레질 정도로 발전했지. 이런 세상이 있을 거라고는 상상도 못했었잖아. 하지만 난 내 나이의 모습으로 살고 싶어. 10대 때는 10대의 모습으로, 20대에는 20대의 모습으로 말이야."

현재는 질문을 한 전희의 눈을 똑바로 쳐다봤다. 전희도 현재의 생각과 같은지 고개를 끄덕였다. 그 옆에서 그만이도 입에 꽉 힘을 주며 고개를 끄덕였다.

"그리고 무엇보다 난 운전면허를 따고 싶어. 아, 대로가 운전해 주면서 잘난 척하는 거 더 보고 싶지 않아. 안 그래?"

현재는 진저리를 치며 장난스러운 표정을 지었다. 입가에는 웃음기가 비쳤다.

"맞아. 나도 운전면허를 따고 싶어. 그리고 훌륭한 요리사가 되어서 많은 사람들에게 좋은 음식을 만들어 줄 거야."

"어머, 난 운전보다는 미팅을 해 보고 싶어. 남자 친구도 생기면 좋겠고. 물론 그동안 공부한 외국어 실력으로 통역사도 하고 싶어."

현재의 말에 그만이와 전희가 맞장구를 치며 웃었다. 나름대로 하고 싶은 일이 많은 듯 보였다. 하지만 대로는 아니었다. 대로는 여전히 굳은 얼굴을 한 채 도리질을 쳤다.

"그래서 70대가 되면 70대의 모습으로 산다고? 나는 싫어. 지금처럼 젊은 모습이 좋아."

역시 대로다운 말이었다. 어린아이 모습인 다른 세 아이와 달리 열아홉 살의 모습으로 산 대로는 그리 불편함이 없었을 것이다.

그렇게 네 아이들의 이야기는 끝이 났다. 자기 방으로 돌아간 아이들은 가지고 있던 풀을 태워 버렸다. 물론 대로는 풀을 종이에 잘 싸서 서랍 안쪽에 깊숙이 넣어 두었다. 언제 마음이 변할지 모를 일이지만, 그렇다고 태워 없애 버리고 싶지는 않았다.

이제 세 아이들은 시간이 지나면서 변해 가는 자신들의 모습을 만나게 될 것이다. 대로는 어쩌면 지금 이 세상 어딘가에서 또 다른 세상을 만나고 있을지도 모른다. 그리고 우리가 가는 산 어딘가에 영원한 생명을 주는 풀이 자라고 있을지도 모를 일이다.

170살 헌재가 들려주는 **교통 이야기**

아주 오래전부터 인간은 새처럼 하늘을 날길 바랐어. 그리스 신화에 나오는 이카로스는 아버지 다이달로스가 밀랍을 발라 만든 날개를 달고 하늘을 날아올랐어. 하지만 이카로스는 새처럼 나는 것이 너무 신기해 더 높이 올라가다가 뜨거운 태양열에 밀랍이 녹으며 추락하고 말아. 이 신화처럼 하늘을 나는 일은 인류의 오랜 꿈이었지.

하늘로 두둥실 떠오른 열기구와 비행선

옛날 사람들은 그리스 신화에 나오는 것처럼 인공 날개를 달고 하늘을 날 수 있다고 생각했어. 하지만 성공하지 못했어. 그러다 1783년 11월 프랑스의 몽골피에 형제가 최초로 인간 열기구 비행에 성공했어. 불을 때면 열로 더워진 공기가 위로 올라간다는 점에 주목한 거야. 종이와 천을 붙여 커다란 기구를 만들고, 아래쪽에서 불을 때서 기구를 하늘로 띄웠지. 1852년에는 프랑스의 앙리 지파르가 물고기 모양을 한 기구에 공기보다 가벼운 기체인 수소나 헬륨 가스를 넣고 아래에 증기 기관을 달아 프로펠러를 돌리는 비행선을 만들었어. 하지만 이런 기구들은 불이 날 위험이 많았어. 게다가 방향을 마음대로 바꿀 수도 없었고, 앞으로 잘 나가지도 못했지.

열기구

비행선

세계 최초의 비행기, 플라이어호

자동차의 엔진처럼 기계의 힘을 이용해 비행기가 하늘을 난 것은 1903년 12월 17일의 일이야. 라이트 형제가 만든 첫 번째 비행기인 플라이어호로, 처음에는 12초 동안 36m를, 두 번째는 59초 동안 290m를 날아갔어. 이 비행기가 바로 가솔린 엔진을 단 최

플라이어호

초의 동력 비행기야. 플라이어호에는 프로펠러도 달려 있었어. 프로펠러 덕분에 비행기는 더 빠른 속도로 날 수 있어.

더 크고, 빠르고, 안전하게, 더 멀리 날아가다

비행기는 지구촌이라는 말을 탄생시킨 교통수단 가운데 하나야. 비행기가 전국은 물론 전 세계를 하나의 마을로 묶어 준 셈이지. 1920년대에 실용화되기 시작한 비행기는 1940년대에 들어와 빠르게 발전했어. 1960년대 들어서는 이미 음속의 3배가 넘는 초음속 여객기도 만들어졌어. 비행기는 국제화 시대에 없어서는 안 될 중요한 교통수단이야.

비행기

두근두근 기대되는 미래의 교통

앞으로 다가올 미래에는 어떤 교통수단이 등장할지 궁금하지? 이미 운행이 시작된 자기력의 힘으로 달리는 자기 부상 열차나 전기의 힘으로 달리는 전기 자동차, 우주를 장시간 여행할 수 있는 우주 왕복선 등이 바로 미래에 우리가 탈 교통수단이야.

우주 왕복선

170살 현재가 들려주는 통신 이야기

현대 사람들에게 정보는 없어서는 안 될 정도로 중요해. 하지만 정보를 활용하는 방법은 사람에 따라서, 그리고 사용하는 목적에 따라서 달라져. 정보를 얻는 것만큼 중요한 것이 그 정보를 활용하는 일이야.

정보화 시대에 따른 우리 생활의 변화

정보화 시대가 되면서 정치, 경제, 사회, 문화, 교육을 비롯한 우리 생활은 많이 변화했어. 정치적으로는 전자 투표가 가능해졌으며, 사회·경제적으로는 전자 상거래가 일상화되었지. 또 원격 진료와 재택근무 같은 개인 복지가 향상되었어. 그리고 화상 교육, 인터넷 강의 등으로 학교에 가지 않고도 공부가 가능해졌어. 하지만 개인 정보 유출이나 음란·폭력물의 범람 같은 문제점도 안고 있지.

다양한 정보의 활용

- 멀리 있는 가족이나 친구들과 얼굴을 보며 통화를 해.
- 시장이나 백화점에 가기 전에 필요한 물건을 어디에서 더 싸게 파는지 광고지에 나온 정보를 살펴.
- 여행을 떠나기 전 책이나 인터넷을 통해 교통편이나 숙박할 곳을 예약하고, 관광지 주변 정보와 특산물이나 맛집 등을 알아봐.
- 우리나라 명절에 대해 발표를 하기 위해 인터넷을 통해 정보를 찾아.
- 밤에 오징어를 잡으러 가야 하는 아저씨가 일기예보를 들어.
- 지난번에 사 먹은 맛있는 아귀찜을 만드는 법을 요리책이나 인터넷에서 찾아봐.
- 채소나 생선, 쌀을 살 때 가격이나 원산지를 확인해.
- 현장 체험 학습 장소의 자연환경이나 유적지 등을 알아봐.
- 입학할 대학의 정보를 찾아봐.

- 여름휴가 때 필요한 옷과 신발을 인터넷으로 주문해.
- 회사 업무에 필요한 자료를 찾아.
- 지문을 대면 문이 열리는 지문 인식 장치로 열쇠나 비밀번호가 필요 없어.
- 청각 장애인들이 수화 통역 시스템을 이용해 보통 사람들과 자유롭게 대화를 나눌 수 있어.